UN BAGNE RUSSE

LA PENDAISON.

PAUL LABBÉ

UN BAGNE RUSSE

L'ILE DE SAKHALINE

OUVRAGE ILLUSTRÉ DE 51 GRAVURES

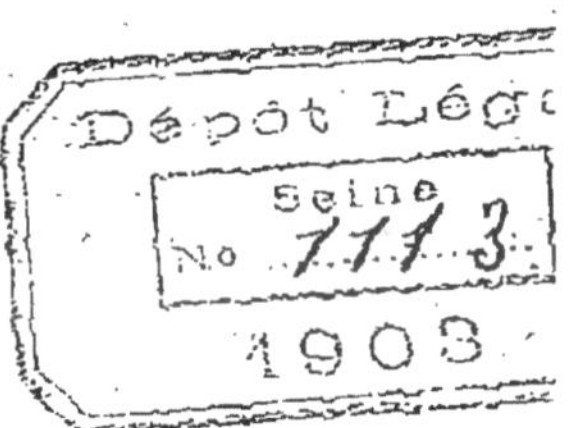

LIBRAIRIE HACHETTE ET Cie

PARIS, 79, BOULEVARD SAINT-GERMAIN

1903

UN BAGNE RUSSE

CHAPITRE I

Description et situation de l'île. — Généralités.
Arrivée à Alexandrovsk.

L'ILE de Sakhaline, que nos géographes nommaient jadis île Saghalien, sert de colonie pénitentiaire à la Russie : elle est située au nord du Japon, entre 45°54 et 54°24 de latitude ; sa longueur est de 900 kilomètres environ et sa largeur varie entre 25 et 150 ; sa superficie est égale au sixième de celle de la France (75 360 kil. c.). Bien que les points extrêmes de ses latitudes correspondent sensiblement à celles de Hambourg et d'Avignon, elle a un climat très dur : le courant froid qui vient du Kamtchatka et qui arrose la côte orientale de l'île, y apporte parfois des blocs de glace au mois de juin : on y a connu des moyennes

de — 30° en janvier. La neige y tombe épaisse en
octobre, et on peut en décembre gagner le continent en traversant la mer sur des traîneaux attelés
de chiens.

Un des premiers explorateurs de la région fut
La Pérouse, et les noms géographiques qu'il a
donnés ont été le plus souvent respectés par les
Russes : il y a encore aujourd'hui un cap Crillon,
une pointe de Jonquières, un détroit de La Pérouse.
Tous ces parages sont dangereux et tristement
célèbres dans les annales de la navigation; libre
quelques mois seulement, la mer est presque constamment couverte d'épais brouillards, et les tem-
pêtes y sont fréquentes. Au nord du golfe de Castries, la manche de Tartarie est très resserrée entre
l'île et le continent, et ses eaux sont si basses que
les gros navires n'osent s'y hasarder : c'est un bras
de mer qui réunit les bouches de l'Amour à la mer
du Japon, moins qu'il ne les en sépare. On y rencontre peu de bateaux; le *Yaroslav*, qui appartient
à la flotte volontaire, amène à Alexandrovsk, capi-
tale de l'île, deux fois par an, de nouveaux forçats;
quelques autres font le service entre Vladivostok
et les bouches de l'Amour, avec escales dans les
baies continentales de Sainte-Olga, de Port-Im-
périal et de Castries et devant les petites villes de

Sakhaline, Alexandrovsk et Korsakovsk; d'autres encore font parfois relâche devant l'île, et ce sont des bateaux russes, norvégiens, japonais, qui vont à travers la mer d'Okhotsk jusqu'au Kamtchatka. J'en ai rencontré bien peu dans mon voyage; mais trop souvent j'ai aperçu, échoués sur le sable ou couchés, désemparés sur des brisants, des navires abandonnés et dont parfois l'équipage entier avait péri. Devant Alexandrovsk, quand la mer était basse, on voyait apparaître, non loin de la côte, les mâts et la cheminée d'un navire qui sombra, à jamais perdu.

Le mot de Sakhaline est mandchourien et signifie « rocher en face de la rivière noire » (sakhalian anga hata). Au XVIIIᵉ siècle, l'île était possession chinoise, lorsque les Japonais en occupèrent la partie méridionale. Les Russes vinrent ensuite, et par une convention avec le Japon, du 26 janvier 1856, la partie septentrionale de l'île passa à leurs mains au détriment des Chinois. En 1867, les Russes décidèrent d'organiser l'extraction de la houille en employant à ce travail des forçats déportés. En 1869, eut lieu le premier envoi considérable de forçats : ils étaient au nombre de huit cents. En 1875, l'île, par traité, devint russe entièrement, et le Japon dans ce marché de dupe reçut en échange les îles Kouriles, dont il ne peut guère tirer parti.

Une première colonie fut créée à Korsakovsk, puis d'autres apparurent. Comprenant que la colonisation ne réussirait que si des familles se constituaient dans l'île, on décida en 1883 d'y déporter les femmes. Depuis 1884, les condamnés sont transportés par bateau d'Odessa à Alexandrovsk. Il y avait à Sakhaline lors de mon séjour vingt-huit mille cent soixante-six forçats, et les femmes ne représentaient pas le cinquième de la population totale. Outre les forçats, on trouve dans l'île des indigènes de races différentes : des Guiliaks, des Oroks, des Toungouses et des Aïnos.

Le gouverneur de l'île est aujourd'hui un général, ancien procureur des tribunaux militaires; il dépend du ministère de la Justice et du général gouverneur de la région du fleuve Amour. L'île est divisée, au point de vue administratif, en trois districts qui portent le nom d'un village principal : Alexandrovsk, Korsakovsk et Tymovsk; le siège du chef du dernier district n'est pourtant pas à Tymovsk, mais à Rykovski. Les chefs de districts sont assistés d'un aide, de directeurs de prison, d'inspecteurs de colonisation, de médecins et d'un juge. Dans chaque chef-lieu de district, est un détachement militaire sous les ordres d'un lieutenant-colonel. Le gouverneur vit à Alexandrovsk avec sa maison militaire, sa chancellerie, et les chefs des principaux services, ingénieur, médecin-chef, agronome, géomètre, procureur, etc.

Trois choses, très mal étudiées, attirent à Sakhaline, l'attention du voyageur : la géographie physique, politique et économique, la question pénitentiaire, les populations indigènes.

Les deux premières questions se tiennent et sont presque inséparables l'une de l'autre. Ce sont les déportés, en effet, pour lesquels on crée, chaque année, de nouveaux villages, qui transforment de jour en jour la géographie de l'île : ils en sont les colons et les ouvriers.

J'avais dit au procureur général à Vladivostok que je voulais visiter toutes les prisons : il m'interrompit. « Ne dites pas les *prisons*, dites les *auberges !* »

Ce mot me surprit, et pourtant en effet les prisons de Sakhaline ressemblent un peu à de grandes auberges malsaines et les prisonniers y vivent dans des conditions d'hygiène déplorables, mais sans trop de souci du lendemain : la prison cellulaire n'existait pas, on s'apprêtait à en faire l'essai à Rykovski lors de mon départ. L'expiation pour le forçat commence à vrai dire au moment où il

quitte la prison, toujours bien avant le terme de
sa condamnation. Il doit vivre alors dans l'intérieur
de l'île, dans un lieu non défriché, y bâtir sa maison, créer son champ et le cultiver, et il est muni
pour ce travail d'une provision de farine qu'il reçoit
chaque mois pendant un an ou deux, d'une scie,
d'une hache et de cordes qu'on lui donne à crédit.
C'est donc quand on considère qu'il a payé, en
quelque sorte, sa dette à la société, puisqu'on lui
permet de quitter la prison, que les difficultés les
plus cruelles commencent pour lui. A l'heure du
rachat, on lui rend ce rachat presque impossible, et
le malheureux est amené par la force des choses
à commettre un nouveau délit; il retournera volontiers en prison, où il sera sûr de manger en
ne travaillant presque pas. A quoi bon le séjour en
prison, puisque le forçat libéré le regrette lorsqu'il
devient colon? Les résultats de la colonisation pénitentiaire n'ont pas été ceux qu'on espérait, et
c'est la faute du système lui-même qui fait qu'un
paresseux n'apprend jamais à travailler dans une
prison de Sakhaline et qu'un travailleur y apprend
la paresse; c'est la faute de la société qui, puisqu'elle prend le droit de punir, a le devoir de
donner au libéré les moyens de redevenir un
homme; c'est la faute enfin de tous ceux qui

oublient qu'un crime pour lequel un condamné a
subi la peine exigée par la loi, est un crime expié
et dont personne, sauf le coupable, ne devrait plus
se souvenir!

On a commis, en outre, une erreur en voulant
consacrer les forces des condamnés à l'agricul-
ture : les céréales n'arrivent pas à maturité dans
une terre où l'on trouve parfois de la glace au mois
d'août à un mètre du sol; les pommes de terre, les
choux et les raves y ont par contre complètement
réussi. Dans les vallées, la terre est bonne; elle
est souvent formée d'argile et de sable, et il y a
malheureusement des marais immenses couverts
de grandes herbes et de roseaux, les uns formés
par des sources, les autres stagnants sur un sol qui
n'absorbe pas l'eau; souvent aussi la terre n'est
qu'une couche peu épaisse qui repose sur des cailloux et dont les qualités nourrissantes sont vite
affaiblies. Les fleuves et les rivières ont en outre
le même caractère, ce sont même, et surtout les
plus grands, des torrents, de montagne dont les
inondations sont terribles.

On peut diviser l'île en cinq bassins principaux;
les plus importants sont ceux de la Poronaï et de
la Tym. Au 52ᵉ degré de latitude, la montagne qui
forme l'ossature de l'île est ramifiée en deux

chaînes par une vallée longitudinale au fond de laquelle, descendant du nœud qui réunit les deux chaînes, coulent dans la direction même du méridien, mais en sens inverse, la Tym et la Poronaï, rivières à peu près d'égale longueur. La Poronaï a environ 250 kilomètres, et des jonques japonaises la remontent pendant quelques kilomètres seulement. Son bassin renferme de grands marécages et des toundras. Celui de la Tym est meilleur pour la colonisation, mais il est situé plus au nord, et l'hiver y dure plus longtemps.

Voici les moyennes de température de l'année : janvier — 21°2, février — 15°2, mars — 8°7, avril — 0°7, mai + 5°, juin + 11°, juillet + 16°2, août + 17°, septembre + 13°4, octobre + 4°7, novembre — 4°, décembre — 14°7. Le climat n'est pas excessif pour un Russe, et il existe le long même du Transsibérien des régions où la vie est plus dure. Les forçats eux-mêmes me l'ont répété : celui qui sait travailler voit finalement à Sakhaline ses efforts récompensés. Certains m'ont dit qu'au village natal ils vivaient moins bien que sur la terre d'exil ; d'autres, leur peine finie, sont restés volontairement dans leur nouveau village, et il en est qui, partis vers les bords de l'Amour, sont revenus demander des champs au gouverneur de l'île.

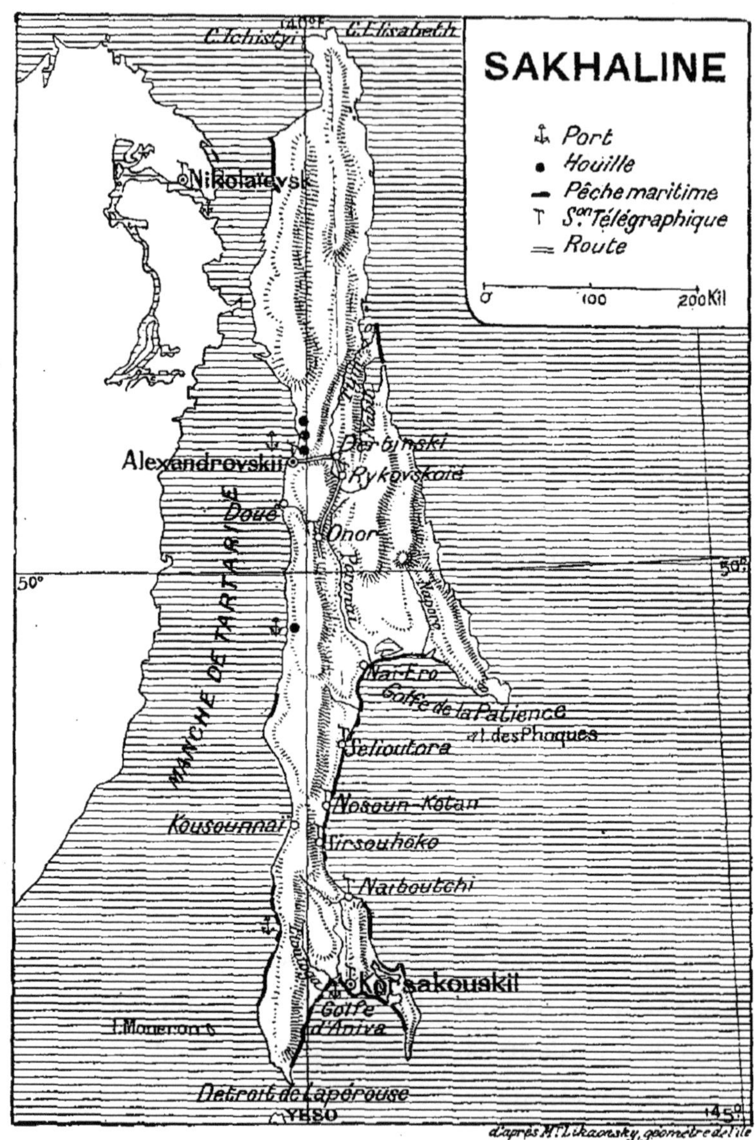

CARTE DE L'ILE DE SAKHALINE.

L'administration fait travailler les forçats dans
les mines : il y a à Sakhaline des charbonnages
importants, on y a trouvé du naphte, de l'ambre,
du marbre, et, dit-on, des sables aurifères ; et l'on
ne connaît pas encore toutes les richesses que
renferment les montagnes abruptes, composées de
roches volcaniques et de basalte et dont l'altitude
atteint 1 200 mètres. Les exploitations sont difficiles,
dans un pays où il n'existe aucun port. Il n'y a pas
en effet une baie qui soit praticable sur les côtes
de l'île : sur la côte orientale, seul le golfe de Nabil
est profond, mais le chenal en est étroit et difficile ;
sur la côte opposée, il y a une grande quantité de
baies très petites et inabordables pour un bateau
d'assez gros tonnage. Les jours de gros temps, les
bateaux s'enfuient et vont se réfugier de l'autre
côté du détroit, dans un des golfes bien abrités,
qui sont nombreux sur le continent.

Les montagnes occupent une grande partie de
l'île ; elles ont le sommet dénudé ; la cime n'est pas
rocheuse, mais la rigueur de la température ne
permet à cette hauteur aucune végétation. A leur
pied, on trouve le sapin, le pectiné, le mélèze,
l'orme, le bouleau, le peuplier, l'érable, le frêne
et le saule ; dans une zone plus élevée, on ne voit
plus que le pectiné et le mélèze, plus haut vient le

bouleau jaune (ortala Ermani), puis le cèdre Slonietz
(cembra puncila) et enfin le sommet dénudé.

Les vallées, souvent très pittoresques, se présentent sous deux aspects bien différents : tantôt
c'est la « toundra », tantôt une végétation luxu-
riante. La toundra est faite de terres noires et
friables, où le pied s'enfonce profondément ; elle est
couverte d'herbes et de mousses parmi lesquelles
paissent, parmi de petits mélèzes rabougris, des
troupeaux de rennes sauvages ; on y trouve parfois
de vastes marécages ou des lacs, cachés sous de
grands roseaux, près desquels vivent nombreux
des oies, des canards, des sarcelles et des bécasses.
Le voyage est triste et pénible dans ces régions
désolées.

D'autres fois, les routes, presque toujours détes-
tables, suivent les rivières sinueuses et rapides,
encaissées entre des montagnes escarpées. Souvent la forêt est morte, et, pendant plusieurs kilomètres, on avance lentement au milieu de troncs
calcinés, fumant parfois encore ; jusqu'à l'horizon,
on n'aperçoit qu'eux, et l'hiver, au milieu de la
neige, c'est une succession de morceaux de charbon
gigantesques, dont l'aspect est alors fantastique.
Puis viennent des régions luxuriantes, où les
herbes sont plus hautes qu'un homme, émaillées

de fleurs à longues tiges, marguerites bleues et pervenches roses; elles forment des dômes de verdure sous lesquels de petits ruisseaux coulent en chantant sur des cailloux. La forêt est alors pleine d'arbres brisés, de troncs pourris, de racines arrachées, de lianes infranchissables; l'accès en est impénétrable, les forçats évadés hésitent à s'y cacher; seuls, les indigènes en connaissent les secrets, et dans leurs profondeurs mystérieuses vivent des ours, des gloutons, des renards et des cerfs musqués. Les loutres, les zibelines et les hermines sont nombreuses au bord des rivières, et les arbres abritent une grande variété d'oiseaux. Chose curieuse, la saison chaude passe si vite à Sakhaline qu'on y voit à la fois toutes les teintes des forêts : au milieu des verts du printemps et des jaunes de l'automne, les sorbiers et les érables jettent leurs tons rouges et éclatants. Le sol est couvert de baies et de roses sauvages dont l'odeur remplit les vallées : celle de la Naïba était couverte de neige quand je la quittai, les feuilles étaient tombées et les branches glacées, et pourtant un parfum de fleurs fanées y persistait encore.

Outre les forçats, il y avait dans l'île 1 912 Guiliaks, 1 296 Aïnos, 773 Oroks, 157 Toungouses. Les Oroks et les Toungouses ont été baptisés sans trop savoir ni pourquoi ni comment : ce sont aujourd'hui des orthodoxes qui ne comprennent rien à leur religion nouvelle, et qui ont simplement un Dieu de plus qu'auparavant. Ils s'adonnent à l'élevage des rennes ; mais les grandes occupations de ces indigènes sont la pêche et la chasse. On pourrait appeler Sakhaline le pays des fourrures. Si la zibeline, quoique très belle, y est inférieure à celle du Kamtchatka, les ours, les loutres, les renards et les hermines y ont des robes admirables, et les échantillons exposés en 1900 à la section russe auraient pu décider au voyage les plus coquettes de nos Parisiennes.

La pêche est la plus grande source de richesses, et la main-d'œuvre pénitentiaire, employée dans des pêcheries et dans des fabriques de conserves, donnerait des résultats dont on ne peut s'imaginer l'importance. Les poissons passent parfois par bancs si épais que les Aïnos les prennent à la main : les sardines, les anchois et toutes les espèces de saumon arrivent en quantités innombrables selon la saison de l'année ; les homards, et d'autres crustacés monstrueux sont nombreux au printemps, et les huîtres, très grandes, y sont délicieuses ; enfin j'ai aperçu très souvent en vue de la côte de petites baleines dont la prise semble n'intéresser que les Japonais. Ceux-ci ont conservé à Sakhaline de grandes pêcheries qui font la richesse des marchands des ports de l'île d'Yeso ; la présence d'un consul japonais a été rendue nécessaire à Korsakovsk par les difficultés sans nombre qui surgissent entre Russes et Japonais. La question des pêcheurs japonais en Extrême-Orient russe a pour le Japon une telle importance, qu'elle pourrait bien devenir un jour une cause de guerre entre les deux pays ; la Russie sera sans doute plus accommodante que ne le pensent les Japonais, car, en leur accordant quelques concessions, tant au Kamtchatka qu'à Sakhaline, elle obtiendra peut-être la liberté d'agir à sa guise en Mandchourie.

En résumé, l'île de Sakhaline pourrait, malgré tout, devenir florissante, mais elle n'est qu'un point dans les si vastes possessions asiatiques de la Russie, où se trouvent tant d'autres provinces plus riches, d'accès plus commode et partant moins difficiles à coloniser. La Russie a tout à faire et tout à commencer dans son immense empire d'Asie, et elle ne trouverait aucun résultat pratique à disséminer partout ses efforts. Sakhaline coûte déjà très cher à la métropole, qui y a dépensé et y dépensera encore beaucoup d'argent ; mes lecteurs jugeront si elle a réussi dans sa tâche, et si la colonisation

pénale a été un succès; personnellement, je ne le
crois pas....

Les Russes ne parlent de l'île de Sakhaline
qu'avec un vague effroi, et tous mes amis de
Moscou et de Saint-Pétersbourg me déconseil-
lèrent le voyage. Je partis pourtant. C'était pendant l'été de 1899. De Vladivostok, le vapeur *Baïkal*
me conduisit devant la petite ville qui est le chef-
lieu de l'île de Sakhaline, le poste d'Alexandrovsk; après de courtes escales sur la côte du
continent, dans les baies de Sainte-Olga et du
Port Impérial, au bout de quelques jours, nous
aperçûmes le grand promontoire pittoresque où a
été élevé un phare, et qui est terminé par des
rochers monstrueux appelés les Trois-Frères, dont
la forme rappelle les Tas-de-Foin, si justement
célèbres dans notre Bretagne. La côte est faite
de grandes falaises brunes et parfois rougeâtres,
toutes déchiquetées; des éboulements y ont formé
de nombreux écueils et tout le rivage apparaît
grandiose, triste et sauvage, au milieu d'un espace
en forme de cuvette; la ville est bâtie en amphi-
théâtre au pied de hautes montagnes au sommet
dénudé, et le rayon de soleil qui l'enveloppait lors
de mon arrivée la parait d'une trompeuse beauté;

au-dessus de la ville, à mi-côte, une forêt de sapins brûlait.

Une petite chaloupe vint à nous, car le capitaine

LES ROCHERS DES TROIS FRÈRES PRÈS D'ALEXANDROVSK.

avait fait jeter l'ancre assez loin du rivage; le chef de district venait m'inviter à descendre à terre; et je suis heureux de pouvoir écrire ici son nom, car M. Sémevski, qui est encore un nouveau venu à Sakhaline, a apporté dans un métier pour lequel il n'était pas fait, une droiture et une sincérité qui l'ont fait apprécier et estimer par tous ceux qui l'ont approché.

Des hommes, la tête à moitié rasée, en costume de prisonniers, jonglaient déjà avec mes bagages,

sur lesquels le capitaine du bateau me conseilla
de veiller avec la plus grande attention, les habiles
jongleurs dont j'admirais l'adresse étant aussi des
escamoteurs très expérimentés. Accompagné par
eux, je gagnai le rivage, où une voiture m'attendait. Sur la jetée en bois, une foule de forçats travaillaient mollement au déchargement de grosses
barques pleines de charbon, et chacun d'eux me
regardait en dessous, d'un œil inquisiteur et mauvais, se demandant sans aucun doute quel nouvel
ennemi venait de débarquer chez eux. Certains
d'entre eux poussaient sur des rails et jusqu'à la
ville des wagonnets chargés de sacs et de marchandises; ils s'arrêtaient souvent sur la route, à
la grande fureur des soldats surveillants; ils se hâ-
taient lentement, se désintéressant évidemment de
la tâche qu'on leur avait imposée. Ils ôtaient leur
bonnet sur mon passage, mais c'était ma voiture
qu'ils saluaient. Les fonctionnaires russes sont
toujours en uniforme; quand il ne porte pas une
casquette officielle et un habit à col de couleur et
à boutons d'or ou d'argent, un homme n'est qu'un
vulgaire marchand, un moujik même, et je ne tardai
pas à en faire l'expérience. Le soir de mon arrivée,
j'arrêtai dans la rue un soldat de la police pour lui
demander si par hasard il n'avait pas vu passer le

LES FORÇATS AU TRAVAIL SUR LE PORT D'ALEXANDROVSK.

chef du district : « Tu as des jambes pour courir après lui; frère, me répondit le soldat. Et surtout n'oublie pas désormais que la police n'est pas faite pour renseigner des gens de ton espèce. »

Dans ma voiture, j'avais semblé un personnage aux déportés parmi lesquels j'étais passé; à pied j'étais pris pour un forçat par les soldats.

Il est curieux de noter que mon premier soin, en arrivant dans ce pays éloigné, fut de me mettre en habit, tenue réglementaire dans toutes les Russies pour aller saluer un gouverneur. Le général Lapounov me fit d'ailleurs un très aimable accueil, ainsi que tous les fonctionnaires auxquels il me présenta et auxquels j'eus affaire dans la suite, soit à Alexandrovsk, soit dans les autres villages de l'île. Parmi eux, se trouvait l'agronome, M. von Fricken. J'ai rarement trouvé dans mes voyages un homme plus aimable et plus complaisant, et je lui garderai toujours un très affectueux souvenir. Chasseur d'ours renommé, ce qui est d'autant plus remarquable qu'il a depuis longtemps perdu un bras, il est aussi un photographe fort habile et quelques-unes de ses œuvres inédites illustrent aujourd'hui mon travail.

Le gouverneur m'avertit que toutes les portes me seraient ouvertes, et que partout dans l'île je pourrais voir, jour et nuit, ce que je voudrais. J'en ai profité et, bien souvent, je suis allé la nuit dans les prisons; il n'en est pas moins vrai que je n'ai vu que ce que certains chefs de district ou certains maîtres de prison ont bien voulu me laisser voir.

Beaucoup de livres ont été écrits, très sévères pour les fonctionnaires des prisons et des bagnes russes. La censure ne les a pas toujours arrêtés, et la plupart des Russes ont lu les cruautés et les vexations de toutes sortes qui ont rendu tristement célèbre le nom de Sakhaline. L'âme russe est si vraiment et si profondément humaine que j'avais toujours taxé tous ces récits d'exagération; ils étaient malheureusement vrais.

Il est évident qu'il y a aujourd'hui, parmi les fonctionnaires de Sakhaline, des hommes honnêtes en plus grand nombre qu'on ne veut bien l'avouer. Leur métier est déjà assez dur et assez décrié pour qu'on doive s'exprimer sur leur compte avec un peu de charité et de générosité. Je me souviens que l'un d'eux me parlait, en pleurant, de sa famille qu'il avait laissée en Russie; les enfants étaient nombreux et les charges lourdes, aussi le père et la mère travaillaient-ils tristement, loin l'un de l'autre, pour élever moins difficilement leurs petits. Ce fonctionnaire n'était pas le seul dans son cas.

D'autres aussi étaient venus jeunes, séduits par
l'espoir d'une pension de retraite plus belle et

qu'on ne peut gagner que par un long séjour en
Extrême-Orient.

Il n'en est pas moins vrai que le séjour de
Sakhaline est mauvais pour ceux qui y vivent trop
longtemps; il est en somme très démoralisateur;
la vie y est difficile, les distractions manquent

complètement, et l'hiver y dure de longs mois. Dans cette atmosphère si lourde du bagne, l'homme perd facilement la notion du juste et de l'injuste, il devient sévère pour les autres et trop indulgent pour lui-même. Si le voyageur qui passe ne voit pas tout, il entend de tristes choses, et ceux qui n'ont pas la conscience bien nette, racontent volontiers de vilaines histoires sur le compte des voisins.

Le Russe a deux défauts, il aime l'eau-de-vie et les cartes; à Sakhaline, les défauts deviennent vite des vices. Les dettes de jeu atteignent souvent un très gros chiffre, mais les représentants des industriels ou des maisons de commerce russes ou allemandes de Vladivostok ont le prêt facile; ils savent en effet qu'on tient bien ceux qui ne pourront jamais rendre, et ils abusent de la situation. Je ne veux pas ici dévoiler trop de scandales, je note simplement ce dont tout le monde parle en Extrême-Sibérie; trop souvent le tribunal commence d'interminables enquêtes au sujet de faits graves reprochés à des fonctionnaires de Sakhaline. Il est fâcheux d'en voir qui font en cachette commerce de peaux ou d'alcool; il est triste de savoir que certains reçoivent des prêts ou des dons (qu'on nomme cela comme on voudra), offerts par des commerçants avides de commandes; il est regrettable enfin de penser que des directeurs de prison peuvent gagner sur les fournitures des prisonniers, leur donner fausse mesure de farine et des coups par-dessus le marché.

Je ne voudrais pas cependant étendre sur tous le blâme mérité par quelques-uns. Il y a eu des livres dont les auteurs semblaient établir en principe qu'on ne saurait être trop doux pour les prisonniers et trop sévère pour ceux qui les gardent; il faut pourtant se montrer juste envers tout le monde, et c'est ce que je tâcherai d'être, sans faire de personnalités.

Certains forçats libérés m'ont rendu de grands services, et l'un d'eux même a été quelque temps mon compagnon de voyage pendant mon excursion chez les Aïnos : je les remercie en ces lignes, bien que je ne les nomme pas. Je crois inutile de rappeler qu'ils ont été condamnés : j'aurais l'air d'imiter la loi dure et cruelle qui veut que tout libéré de Sakhaline porte écrite sur ses papiers officiels sa triste qualité d'ex-forçat.

Je dirai enfin peu de chose sur les condamnés politiques, qui sont heureusement moins nombreux qu'autrefois à Sakhaline. Je tiens cependant à relater tous les services qu'ils ont rendus au pays qui les exilait. La plupart des travaux et des

publications sur les indigènes de l'île sont dus à
leur plume, ce sont eux qui ont rempli la tâche
difficile de maître d'école pour les enfants des forçats; ils ont aussi dirigé les stations météorolo-
giques. Leur rôle a été à la fois scientifique et
moralisateur. Quelques-uns se sont occupés gra-
tuitement et de tout leur cœur à civiliser les indigènes; l'un d'eux leur apprit entre autres la culture des pommes de terre, un autre enseigna la
langue russe à leurs enfants; c'est par eux et par
eux seuls que les Guiliaks ont connu et apprécié
les qualités du caractère russe, dont les forçats
ne leur avaient montré que les défauts. Chaque fois
que l'administration a fait appel au concours des
condamnés politiques, ceux-ci n'ont pas mar-
chandé leurs efforts, s'il s'agissait d'une œuvre
d'humanité.

CHAPITRE II

Séjour à Alexandrovsk. — Le transport des condamnés
d'Odessa à Sakhaline. — Bagnes et hôpitaux.

ALGRÉ l'invitation que m'en fit le gouverneur,
je n'acceptai pas à Alexandrovsk l'hospitalité
chez un fonctionnaire : je voulais vivre au milieu
des forçats, et, selon mes désirs, on me donna
une maison qu'ils occupent habituellement. Elle
manquait de confort, mais j'avais dans une
chambre une table pour travailler, et dans l'autre
un lit pour dormir. Un domestique, grand gail-
lard à barbe épaisse, habitait avec moi, et je ne
sais pourquoi je le prenais pour un homme de la
police chargé de veiller sur moi et de me protéger au besoin ; il me fut d'ailleurs aussitôt sympathique. Quelques jours après mon arrivée, je lui
demandai s'il connaissait un forçat capable de me
donner quelques renseignements sur les travaux
forcés de Nertchinsk en Sibérie :

« Je suis à vos ordres, répondit-il aussitôt.

— Comment! tu as été prisonnier à Nertchinsk? m'écriai-je.

— Oui, après mon premier crime. »

Et Vassily Tcherkachine m'expliqua qu'on l'accusait de crimes assez nombreux :

« Je n'ai tué que deux fois, » ajoutait-il, modestement.

Vassily (Basile en français) me raconta sa vie. Il avait assassiné un camarade et avait été envoyé à Nertchinsk; il s'évada, on le rejoignit, et il tua quelqu'un en luttant avec les soldats qui l'arrêtaient. On le transporta à Sakhaline, et il ne pensa plus qu'à tenter une évasion nouvelle. Il eut l'audace de traverser la mer dans une sorte de tonneau qui lui servait de barque.

« Nous connaissons toujours des scribes, ajoutait Vassily, qui vivent le long de l'Amour et qui fabriquent pour quarante roubles de faux passeports aux évadés. J'avais trouvé de l'argent, et je pus gagner mon village natal, dans le sud de la Russie, près de la ville de Kharkov, où l'on me repinça.

— Et te voilà de nouveau dans l'île, toujours prêt à t'évader?

— Non, car je ne suis plus si fort, répondit

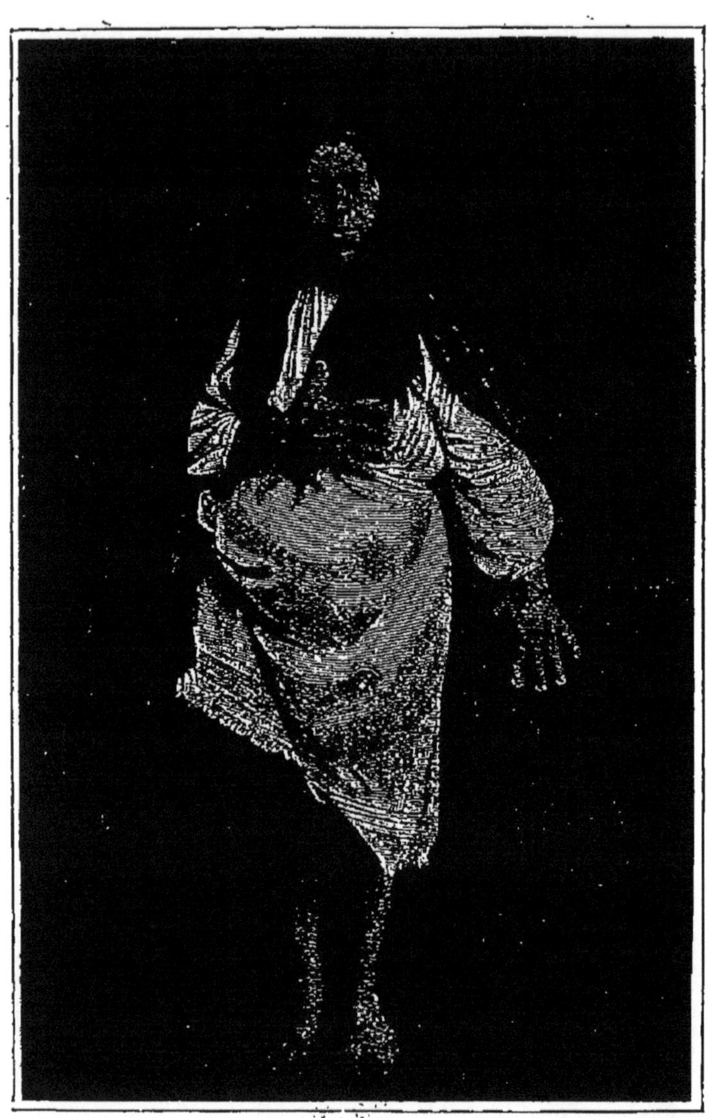

UNE ÉTRANGLEUSE.

Vassily, ma santé s'est affaiblie, et je vis mieux ici que je ne vivrais dans mon village natal. »

Vassily me proposa de me raconter son voyage sur le bateau *Yaroslav*, qui emmène deux fois par an d'Odessa les forçats destinés à Sakhaline. Pour avoir un récit fidèle, je lui demandai d'aller chercher un ou deux voisins qui en compléteraient les lacunes. Il m'amena une femme et un vieillard : la première avait tué son enfant âgé de deux ans; le second avait arrêté une femme au coin d'un bois et l'avait étranglée.

Quand le bateau quitte Odessa, on met les condamnés dans la cale, et on les enferme dans des cages grillées. Il y a une visite médicale avant le départ, mais elle est très mal faite, et les médecins laissent partir parfois des malades atteints d'affections graves et des tuberculeux au dernier degré : il y en a qui n'arrivent à Sakhaline que pour mourir, quand ils n'expirent pas en route.

On leur met les fers aux pieds jusqu'à la mer Rouge; la chaleur devient alors trop forte, et ils ne peuvent plus les supporter. Chaque jour on les fait monter, fournée par fournée, dans une pièce où ils passent sous un gros tuyau, et reçoivent une douche qui paraît délicieuse aux malheu-.

reux, car dans leurs cages l'air est rare et irres-
pirable. Il fait si chaud sous les tropiques qu'on
leur permet d'ôter leurs vêtements, et ils vivent
alors presque nus dans une épouvantable odeur :
ils sont parfois plus de quatre-vingts par cage et
si serrés qu'ils dorment tête contre tête. La nourriture est très suffisante, et Vassily la trouvait
même bonne.

Le médecin vient les voir tous les jours, et une
infirmerie est organisée pour les malades. Jamais
ils ne peuvent monter sur le pont.

Les femmes sont enfermées à part, et elles sont
traitées durement elles aussi.

« A quelques exceptions près, dit le vieux forçat
en interrompant Vassily et en montrant la femme
qui les écoutait.

— Oui, dit alors celle-ci, j'ai été gentille avec les
surveillants et ils m'en ont été reconnaissants ! »

Quelle vie ! quelles mœurs ! Les punitions sur le
bateau ne sont pas douces : ce sont les verges et les
fers, et souvent le cachot, noir et sans air, et dans
lequel le prisonnier étouffe. En 1901, en plein été,
le *Yaroslav* eut un accident grave qui le força à
relâcher à Saïgon, et, pendant plusieurs semaines,
sept cent onze forçats endurèrent devant le port,
sous une chaleur accablante et dans leur dégoû-

LE DÉBARQUEMENT DES FORÇATS.

tante promiscuité, des souffrances qu'on a peine à se représenter!

Dès que le navire arrive devant Sakhaline, il est mis en quarantaine; le médecin vient voir les malades, on conduit au bain les prisonniers, et on désinfecte leurs effets. La visite n'est pas toujours bien sérieuse, puisque Hélène Boubelis, individu au sexe douteux, plutôt homme que femme, fut, en arrivant, il y a quelques années, mariée avec un prisonnier : elle tua, dit-on, d'ailleurs, son mari peu de temps après.

L'administration de l'île répartit les forçats entre les différentes prisons, et chacun d'eux quitte le bateau après avoir reçu une certaine somme d'argent, dix kopeks par rat tué pendant le voyage, car les rats pullulent et dévorent les marchandises sur les bâtiments russes.

Lorsque le vieillard et la femme qui avaient aidé Vassily dans son récit sortirent, je dis à ce dernier :

« Ce sont des amis à toi que tu m'as amenés?

— Comment pouvez-vous le croire? Ce sont des assassins!... »

Vassily avait la plus grande peur des voleurs, et il n'ouvrait pas facilement la porte quand je rentrais un peu tard. Il me répétait que les rues

d'Alexandrovsk étaient peu sûres pendant la nuit
et qu'on pouvait y faire de dangereuses rencontres.
En remerciement de ses bons conseils, je lui offrais
les miens, et je faisais sur lui l'expérience de mes
qualités de moralisateur. Quiconque lirait mes
notes de voyage pourrait croire que j'ai réussi
dans ma tâche, et y trouverait parfois le nom de
mon serviteur suivi d'une amicale épithète : le
brave Vassily! A la vérité, le brave Vassily me
vola avec une dextérité prodigieuse, et quand je
m'aperçus du vol, mes soupçons s'arrêtèrent sur
tout autre que lui : il versa de si grosses larmes
quand il crut que j'allais l'accuser! Je quittai
Sakhaline sans connaître le nom de mon voleur,
ou de mes voleurs, car, par la suite, outre les
500 francs volés à Alexandrovsk, ma lorgnette, un
appareil photographique et mon fusil disparurent
tour à tour.

Vassily avait caché chez un boutiquier de la
ville, dans la crainte d'une descente de police,
l'argent qu'il m'avait volé. Après mon départ,
lorsque vint l'hiver et qu'il fut possible de traverser la mer en traîneau, il alla chercher son argent
chez le receleur. Celui-ci savait parfaitement que
la somme qui lui avait été confiée, avait été volée.
« De quel argent parles-tu? dit-il à Vassily.

— De l'argent du Français !

— Mais tu deviens fou, mon pauvre Vassily ; jamais tu ne m'as confié d'argent ! »

Le forçat fut d'abord interloqué, mais ensuite il cria, menaça, tempêta : tout fut en vain. Il alla conter son aventure à deux vauriens de son espèce, et, la nuit suivante, ils défoncèrent le magasin et en assommèrent à coups de bouteille le maître du logis, sa femme et le garçon ; ils mirent la maison sens dessus dessous, mais l'argent avait été bien caché et ils ne trouvèrent rien.

Le lendemain, on arrêtait Vassily qui parvint à s'évader, mais qui fut repris presque aussitôt. Il est devenu, m'a-t-on dit, un des plus féroces parmi les prisonniers : il semble avoir aujourd'hui, lui si tranquille il y a deux ans, la folie du crime, et je commence à douter maintenant de mon pouvoir moralisateur !

Je ne pouvais pas, d'ailleurs, quitter décemment Sakhaline sans avoir été volé. Tous les voyageurs l'ont été ; le directeur général des prisons lui-même, qui s'était bien gardé de me le dire lorsque je le vis à Saint-Pétersbourg. Il m'avoua ensuite, quand il vit que je connaissais l'anecdote, que les forçats ne lui avaient pris que des valises sans valeur, et que c'était là une façon spirituelle de lui dire : « Tu vois, toi, le grand chef, nous pourrions te voler autant que les autres! »

La ville d'Alexandrovsk ressemble, avec ses larges rues coupées à angle droit, à tous les villages de la Russie. Les maisons, bâties en bois, ont été presque toutes construites sur le même modèle : celles des fonctionnaires sont simplement un peu plus spacieuses, celles des forçats un peu plus inconfortables. Les déportés d'Alexandrovsk, comme ceux qui habitent dans l'intérieur de l'île, appartiennent aux races les plus diverses, et les religions sont presque aussi nombreuses que les nationalités. Pour citer toutes les races représentées, il faudrait faire la statistique complète de l'ethnographie russe, compliquée entre toutes. Outre l'église russe, il y a à Alexandrovsk une église catholique et une mosquée. Les musulmans ont leurs prêtres, déportés eux aussi, pour raisons à demi politiques; le curé catholique et le pasteur protestant ont à Sakhaline des paroissiens nombreux; mais ils ne viennent guère de Vladivostok, où ils résident, et leur séjour dans l'île ne dure que le temps d'escale d'un bateau.

Il y a une école dont le maître est un sympathique exilé politique, et un asile, dont je ne parlerai pas, car à mon passage à Alexandrovsk, il

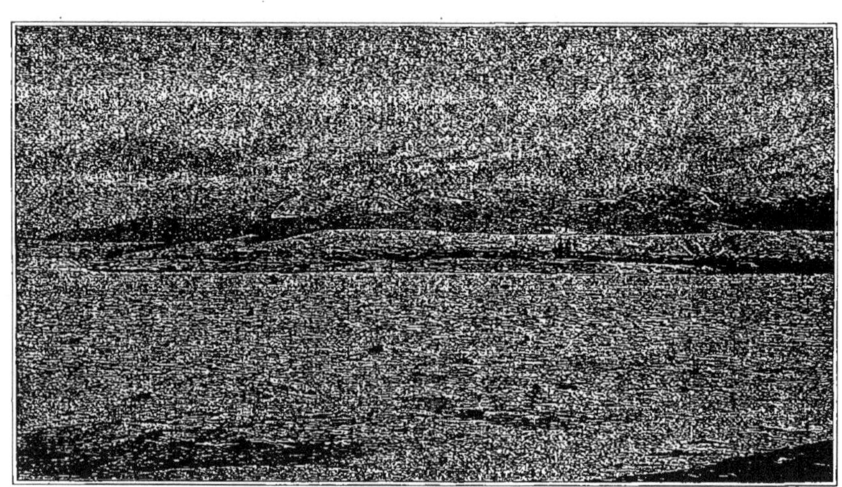

ALEXANDROVSK L'HIVER.

était insuffisant pour le nombre d'enfants qui y
avaient trouvé refuge ; il a été reconstruit, agrandi
et mis à neuf, et le nouvel asile sera une des
meilleures œuvres à l'actif de l'administration de
l'île sous la direction du général Lapounov.

Les autres monuments de la ville sont la prison, les ateliers, les hôpitaux, le musée : le mot
monument est bien pompeux, car ces édifices ne
sont que des baraques qui se ressemblent toutes
et qu'on peut prendre parfois les unes pour les
autres.

Les hôpitaux d'Alexandrovsk sont malheureusement semblables aux autres hôpitaux de l'île : ils
sont beaucoup trop petits pour le nombre de malades auxquels ils accordent l'hospitalité, et il est
impossible dans ces conditions qu'ils soient tenus
proprement ; c'est un triste spectacle de les voir
et les médecins sont honteux de les faire visiter
à un étranger. Les malades étouffent, serrés dans
des salles trop étroites ; c'est à peine si l'on peut
isoler les maladies contagieuses, et j'y ai compris
le mot que me disait un jour un forçat :

« Nous avons plus peur de l'hôpital que de la
maladie ! »

Les médecins ne sont pas responsables de ce
lamentable état de choses : on ne voit plus à Sa-

khaline de ces praticiens sinistres d'autrefois qui
étaient les alliés des chefs de prison et qui lais-
saient battre les forçats avec la plus coupable insouciance. Les vieux déportés le disent : ils ont
aujourd'hui confiance dans l'humanité de presque
tous leurs médecins, et c'est le plus bel éloge
qu'on puisse en faire. L'un d'eux a même eu le
courage de blâmer très hautement les punitions
corporelles : « Quand la police, déclarait-il, me
demandera si un prisonnier est assez fort pour
supporter le fouet ou les verges, je répondrai toujours non, car cette punition inhumaine est aussi
dégradante pour celui qui la donne que pour celui
qui la reçoit! » Le docteur Volkenstein, a fait
en effet dans l'île l'œuvre bonne et utile que tou
le monde attendait de lui.

Les maladies sont nombreuses à Sakhaline,
mais cependant les épidémies sont rares, et quand
elles sévissent, elles sont apportées par les bateaux. Les affections nées de la débauche, les maladies de peau contractées dans la promiscuité et
la saleté des prisons, sont particulièrement nombreuses. Enfin, il y a beaucoup de fous à Sakhaline;
je crois personnellement que la Russie est un des
pays où il y a le plus de cas de folie; mais parmi
les forçats, cette maladie est fréquente.

Il existe à Alexandrovsk un hôpital de fous que j'ai visité avec le plus grand soin, et qui comprend plusieurs sections assez éloignées les unes

L'OFFICIER FOU ZAÏTSEV (PROFIL DANS UNE GLACE).

des autres : la plupart des pensionnaires sont des déportés devenus fous ou pour mieux dire, idiots, à la suite d'ivresses prolongées; d'autres idiots sont des enfants nés dans l'île et dont les parents étaient des alcooliques invétérés. L'alcoolisme produit aussi des fous furieux, que les gardiens doivent surveiller constamment. Aucun des malades, d'après le docteur qui fut chargé jusqu'en 1900 du service des aliénés, n'est devenu fou par remords :

pas un seul ne revoit le crime qu'il a commis. Le docteur me fit visiter les hôpitaux en détail, et il me présenta, en outre, les sujets les plus curieux.

L'un d'eux, nommé Zaïtsev, était un officier condamné pour meurtre à la déportation, et son crime avait été le crime d'un fou. Rentrant chez lui, il aurait surpris son brosseur avec une fille dont il serait devenu aussitôt amoureux; poussé par la jalousie, il tua son brosseur. Zaïtsev entra, tendit très aimablement la main au docteur qui lui expliqua ce que je venais faire à Sakhaline. « Étudier notre île! s'écria l'ex-officier, voilà, Monsieur, un but intéressant; mais comment pouvez-vous vivre dans cette région sauvage, au milieu des pires criminels?... »

Après avoir visité les hôpitaux, je causai le soir avec Vassily et un vieux forçat, notre voisin. Tous deux me disaient que l'hôpital des fous était un lieu béni du ciel, et le seul endroit de l'île où l'on fût bien nourri sans rien faire.

« J'ai fait mon possible pour être fou, me dit le vieillard, j'ai contrefait l'idiot et simulé la folie furieuse; cela ne m'a pas réussi, et comme récompense, j'ai reçu les verges après ces deux tentatives; ce n'était pas là la nourriture que je demandais! »

Puis il ajouta : « Mon camarade a été plus heureux.

— Raconte-moi cela, oncle, lui dis-je? (On appelle presque toujours « oncle » les moujiks et les vieux paysans.)

— Oui, il me dit souvent quand je le rencontre. « Vois comme je fais bien l'idiot, toi, tu n'es qu'un imbécile. » Il est enfermé et se fait nourrir en flattant les idées du docteur qui n'y voit que du feu et qui écrit des rapports sur son compte !

— Est-ce que je l'ai vu aujourd'hui, ton camarade? »

Le forçat eut peur d'en avoir trop dit; il hésita puis déclara froidement :

« Il est mort à la suite d'un bon repas : on nourrit trop bien lès malades à l'hôpital! Il a eu la plus belle fin que puisse rêver un forçat. Nous qui avons faim tous les jours, voilà notre seul vœu, notre seul désir : Mourir d'une indigestion! »

CHAPITRE III

La vie des forçats emprisonnés. — Prison d'amélioration. —
Peines et châtiments. — Malversations.

Ainsi que le racontait Vassily, les forçats sont
mis en quarantaine dès leur arrivée dans l'île
de Sakhaline : l'administration doit les répartir,
suivant les besoins du service, entre les différentes prisons. En principe, les déportés nés au
Turkestan et au Caucase, qui ne sont pas habi-
tués aux rigueurs de l'hiver russe, sont désignés
pour Korsakovsk, poste principal dans la partie
méridionale de l'île, où la température est plus
clémente et plus facile à supporter. Le médecin
examine préalablement les nouveaux venus, et
envoie d'urgence les malades à l'hôpital : une sage-
femme est chargée de la visite des femmes.

Il y avait à Sakhaline, lors de mon voyage, six
prisons où vivaient 8 333 condamnés : deux d'entre
elles étaient presque voisines, c'étaient celles
d'Alexandrovsk et de Doué sur la côte du détroit

de Tartarie; trois autres avaient été construites
dans le centre même de l'île : à Rykovski, à Derbinski dans le bassin supérieur de la Tym et à
Onor dans celui de la Poronaï; la sixième prison
se trouvait à Korsakovsk. J'ai visité chacune de
ces prisons, et j'ai même vécu dans l'une d'elles.
Bien qu'elles ne fussent pas bâties toutes sur le
même modèle, elles avaient le même caractère et
presque le même aspect: c'étaient des baraques
en bois plus ou moins grandes, plus ou moins
anciennes et plus ou moins sales; elles compre-
naient une vaste cour intérieure, des salles pour
les prisonniers, des cuisines, des bains, des ateliers; les chambres étaient mal éclairées et très
insuffisamment aérées et souvent plus de cinquante forçats y étouffaient entassés les uns sur
les autres. Les murs n'étaient que des palissades
près desquelles passaient, la chaîne aux pieds,
quelques forçats sous la surveillance de gardiens
et de soldats.

Chaque prison comprend deux divisions très
distinctes: une prison de correction et une prison
d'amélioration. Les déportés qui sont condamnés
à perpétuité, restent huit ans dans la première et
trois ans dans la seconde; les condamnés à plus
de vingt ans de travaux forcés font cinq ans de

INTÉRIEUR DE PRISON.

correction et trois d'amélioration; une peine de quinze à vingt ans entraîne quatre ans de correction et trois d'amélioration; de douze à quinze ans, deux et trois; de huit à douze, un an et demi et deux. Les forçats, condamnés à moins de huit ans, restent seulement un an dans chacune des deux prisons.

Ce temps terminé, les déportés deviennent des « posselentsy »; ils ont alors la situation de notre forçat libéré, astreint par la loi de 1854 à ce que nous nommons le doublage; ce sont, en quelque sorte, des libérés avec résidence forcée. On leur impose la tâche très dure de coloniser l'île : on les envoie, munis de haches, de scies et de cordes, dans une clairière où ils doivent bâtir leurs maisons, ensemencer des champs, créer en un mot un village. Au bout de deux ans, on cesse de leur donner les quelques aliments qui les empêchaient jusqu'alors de mourir de faim : ils sont beaucoup plus malheureux que pendant la période de captivité, et on en voit qui commettent un délit ou même un crime dans le seul but de retourner en prison. Ils restent quatorze ans dans leur nouveau village, et deviennent ensuite des paysans; ils peuvent alors habiter sur le continent, et même recevoir, par manifeste impérial, la permission de rentrer en Russie ; mais le séjour de Moscou et de Saint-Pétersbourg leur est pour toujours interdit. Un manifeste impérial peut aussi abréger la peine de tous les forçats, mais il n'est promulgué qu'à l'occasion d'un couronnement ou de la naissance d'un héritier. Les forçats ont appris avec déception les naissances successives de quatre petites grandes-duchesses.

Il y a des forçats qui ne passent pas par la prison de correction ; quelques-uns sont même « posselentsy » dès leur arrivée dans l'île. Les vagabonds, arrêtés sans papiers et qui refusent de dire leur nom, sont transportés à Sakhaline, et reçoivent des terres dans un des villages : ce sont parfois des gens vraiment intéressants, mais les meilleurs d'entre les forçats sont de pauvres gens qui ont commis un meurtre dans un jour d'ivresse : pour ceux-là, souvent bons et sympathiques malgré leur crime, la colonie pénitentiaire est un séjour funeste, où ils perdent leurs qualités et sont gagnés peu à peu par la corruption environnante. On commet à la fois une cruauté et une injustice en les traitant comme les pires malfaiteurs.

Lorsqu'une femme non coupable suit volontairement son mari, celui-ci se trouve sauvé de la prison par le dévouement de sa compagne : ils sont envoyés tous deux comme colons dans un village, où ils devront construire une maison sur des terres mises à leur disposition.

Dès leur entrée dans la prison de correction, on rase la tête des forçats, qui doivent en principe avoir toujours les fers aux pieds; on n'imprime plus sur leur visage, comme on le faisait autrefois, les trois lettres qui restaient pendant toute leur vie la preuve infamante de leur condamnation. Ils se lèvent à quatre heures en été et à cinq en hiver : ils se lavent, et combien insuffisamment! Puis ils prennent le thé. Le premier gardien distribue alors les corvées, et lit la liste des travaux à exécuter pendant la journée : il désigne les hommes qui devront travailler sur le port, ceux qui iront réparer un pont écroulé; d'autres contruiront une route, etc. A onze heures, a lieu le déjeuner, et les prisonniers peuvent alors se reposer un peu. Le travail recommence à une heure et dure jusqu'à six, en été du moins; car, pendant l'hiver, la nuit vient vite à Sakhaline. A six heures, a lieu le souper, suivi de l'appel : des prières sont ensuite chantées en chœur. Le tabac est toléré dans les prisons, mais l'eau-de-vie et les cartes sont défendues; on y boit pourtant

quelquefois et on y joue souvent. Chaque jour on
peut confisquer des cartes : les prisonniers sont
habiles et ils en fabriquent de nouvelles avec du
carton, du papier, du linge même ; j'en ai rapporté
qui furent faites les unes avec de vieilles semelles,
les autres avec des feuilles d'arbre. Comme enjeux, ils mettent tout ce qu'ils possèdent, voire
même leurs vêtements ou leur nourriture. Je les
ai surpris jouant pendant la nuit sous l'œil complaisant de gardiens qui avaient reçu certainement le prix de leur indulgence.

La nourriture dans la prison n'est que suffisante ; elle était bonne pourtant, d'après les prisonniers eux-mêmes, à Onor. Ils me disaient parfois qu'ils étaient heureux quand on annonçait
que la prison serait visitée par un voyageur ou par
un personnage : la soupe était toujours plus
soignée ce jour-là, car le visiteur était chaque fois
invité à apprécier le plat du jour. Deux fois
par semaine, on doit donner du poisson, et les
autres jours de la viande salée ; le poisson cependant n'apparaît pas sur les menus de certaines
prisons, dans une île dont les pêcheries sont pourtant la plus grande richesse. La viande salée est
bouillie, et chaque homme reçoit, pour sa part,
une mesure équivalant à cent six grammes et

demi; le dimanche, la nourriture se compose de gruau et de viande fraîche. Le pain fait par les prisonniers est bon, et les fonctionnaires eux-mêmes en achètent pour leur propre table. La soupe contient habituellement de la farine, du riz, des pommes de terre et des choux; quant à la viande fraîche du dimanche, elle est souvent remplacée par de la viande salée, car le maître de prison y trouve son compte et réalise un bénéfice. Le prisonnier reçoit enfin, chaque mois, une brique de thé qui pèse une livre. La brique de thé est très connue et très employée en Sibérie : les indigènes, les paysans et même de petits fonctionnaires en achètent et en usent. C'est une tablette de couleur noirâtre qui ressemble à un morceau de bois; on la fabrique en soumettant à une forte pression des feuilles de thé qui ont subi auparavant une préparation spéciale; on casse la brique en petits morceaux et chacun d'eux doit être mis à infuser, comme des feuilles de thé ordinaire.

Presque toujours enchaînés, les malheureux forçats deviennent méchants: le médecin, pour raison de santé, et le maître de prison, comme récompense, peuvent les débarrasser de leurs fers. On comprend ce que doivent être leurs habitudes et leurs conversations; ils préparent de mauvais coups pour le jour où ils quitteront la prison de correction; les moins corrompus prennent peu à peu les vices des autres, et personne n'essaie de les moraliser : le pope qui vient les visiter n'est pas capable de mener à bien pareille œuvre, sa conduite est souvent trop connue et peu recommandable. Les surveillants et les maîtres de prison donnent encore de plus mauvais exemples et tour à tour se montrent à eux cruellement méchants ou coupablement négligents.

Les prisonniers n'ont aucun goût au travail : « A quoi bon nous fatiguer, me disait l'un d'eux, nous trouverons toujours la soupe prête : les paysans de Russie qui paient l'impôt nous nourrissent et travaillent pour nous! » Pourquoi d'ailleurs travailler sans profit? Ils ne font que juste ce qu'il faut pour n'être pas punis ou battus. Cependant lorsqu'un bateau jette l'ancre devant Alexandrovsk ou devant Korsakovsk, apportant des marchandises ou du charbon, ils ont le droit d'espérer une juste rémunération. Le capitaine doit, en effet, payer pour chaque homme que l'administration de l'île met à sa disposition, et la trésorerie qui encaisse ces sommes leur abandonne dix pour cent de l'argent touché. Ce salaire

LES MURS DE LA PRISON.

est déposé dans la trésorerie, avec l'argent apporté de Russie par les forçats, qui ont dû, d'après la loi, s'en démunir dès leur arrivée à Sakhaline. Si l'un d'eux veut recevoir un peu de son argent, il doit en faire la demande au maître de prison qui la soumet au chef de l'arrondissement ; si elle est admise, le forçat peut employer l'argent qui lui est remis à l'achat de ce dont il a besoin, mais il ne peut se procurer de l'eau-de-vie, objet constant de son secret désir.

Ce sont les maîtres de prison qui reçoivent et ouvrent les lettres chargées, venant de Russie à l'adresse des forçats, et on en a connu qui ont fait avec l'argent envoyé des achats et des opérations dont ils ont tiré bénéfice à l'insu des destinataires ; ils doivent lire toutes les lettres adressées aux forçats par leurs amis ou par leur famille, ainsi que celles qui sont écrites en réponse. Peu de déportés d'ailleurs savent lire et écrire, quelques-uns savent lire seulement.

La prison d'amélioration est moins dure que la prison de correction : le forçat qui y habite n'a pas la tête rasée, et il est débarrassé de ses fers ; il va au travail sans être accompagné par des soldats, bien que régulièrement un surveillant doive rester avec lui. Quelquefois cependant,

dans les premiers jours, un [soldat l'accompagne
pour rendre compte à l'administration de ce que
le forçat fait ou peut faire. S'il se conduit bien,
il reçoit la permission d'habiter dans [le village
qui entoure la prison et où il trouve facilement
un logement au prix modique d'un rouble ou
d'un rouble et demi, c'est-à-dire de 3 à 4 francs.
Il y a des gens qui ont plusieurs chambres à
louer; ils doivent donner le nom de leurs loca-
taires au chef de prison qui peut toujours venir
à l'improviste pour voir comment vit le déporté.
Celui-ci doit, chaque matin, se présenter à l'appel
pour savoir le travail qui lui est réservé, ou se
rendre à l'atelier auquel il est attaché. Le chef de
prison a d'ailleurs tout intérêt à ce que ses pensionnaires habitent dans le village; car s'il leur
donne encore de la viande, de la farine et des
briques de thé à emporter, il considère la soupe
qu'il oublie de servir comme mangée, ce qui est
pour lui un nouveau bénéfice.

Seuls, les forçats de la prison d'amélioration
peuvent travailler dans les ateliers où ils restent
parfois, moyennant salaire et sur leur demande,
lorsqu'ils sont devenus des « posselentsy ». Chaque
homme, en débarquant, a sur ses papiers la noti-
fication du métier ou des métiers qu'il a exercés;

UNE PRISON D'AMÉLIORATION.

quelques-uns demandent même à apprendre tel
métier qui leur plairait, et on leur en accorde la
permission, si leurs forces physiques le permettent et selon les exigences du service; mais le
plus souvent, ils préfèrent ce qu'ils appellent le
travail noir sur le port ou sur les routes à l'occupation régulière des ateliers; le travail noir semble
pourtant au premier abord le plus dur. A la vérité,
dans les ateliers, cordonnerie, menuiserie, forge,
serrurerie, carrosserie, le déporté est forcé de
travailler et peut difficilement tricher; chaque
homme, en effet, reçoit une tâche à exécuter dans
un temps donné; des surveillants passent et
repassent; les contre-maîtres qui tiennent à leur
place se montrent exigeants, et le chef de district
n'épargne pas les rondes; la paresse est rendue
difficile dans un atelier. Dans les gros travaux
exécutés sur les routes, au contraire, bois à
couper ou à porter, charbons à décharger, ponts à
rétablir, les forçats sont loin du village, ils
peuvent dormir, jouer ou ne rien faire; enfin
l'évasion est alors chose tentante et relativement
facile. L'aventure est pourtant dangereuse, car
les soldats portent sur l'épaule des fusils toujours chargés, ils ont le droit de tirer sur les fugi-
tifs, et ils reçoivent une prime de trois roubles

pour chaque évadé qu'ils ramènent à la prison.

Beaucoup de forçats parviennent à s'évader : en 1899 un chef de district me disait que plus de cinquante évasions avaient été signalées, pendant une période de dix mois, rien que dans son arrondissement. L'été, les forçats se cachent dans une cale de bateau ou passent en barque le détroit, qu'ils traversent l'hiver sur des traîneaux attelés de chiens. Parfois on ramène de Sibérie des vagabonds que l'administration croit reconnaître, mais ils ont donné un faux nom et tous leurs anciens camarades font semblant de les voir pour la première fois.

Vassily put, on l'a vu, traverser la Sibérie et la Russie d'Europe, et il n'est pas le seul qui ait su accomplir un voyage si difficile. J'ai trouvé dans une baraque d'émigrants, en Transbaïkalie, une femme qui me reconnut : elle m'avait vu à Sakhaline, d'où elle avouait s'être échappée. Elle avait fait, à pied, plus de 3 000 kilomètres, avec ses trois enfants qui marchaient pieds nus et dont l'aîné n'avait pas encore dix ans.

Jadis, quand un forçat s'échappait, le chef de district télégraphiait au procureur de Vladivostok. Si le coupable était pris ou revenait dans sa prison, dans les sept jours qui suivaient son évasion, il

LA PENDAISON.

était puni de verges; ce laps de temps écoulé, la peine était plus sévère, et le tribunal condamnait le malheureux à quelques années de prison et à un certain nombre de coups de fouet. On est un peu plus clément aujourd'hui : le chef de district attend quelques jours avant de télégraphier, et la période de sept jours ne commence qu'au moment de l'envoi de la dépêche accusatrice.

Par suite de la nouvelle peine décidée par le tribunal, on voit des forçats condamnés à perpétuité plus cinq ans: certains, par suite de condamnations successives, devraient rester en prison pendant la durée de deux ou trois vies humaines, quelques-uns même se paient le luxe de plusieurs perpétuités. La peine de mort n'existe en Russie qu'en cas de tentative contre l'empereur; un conseil de guerre peut aussi la prononcer. En dix ans, il y a eu trois exécutions capitales à Sakhaline; les deux dernières eurent lieu en 1899. On pendit alors deux misérables qui avaient formé une bande et qui terrifiaient tous les villageois; ils portaient partout avec eux l'incendie, le pillage et l'assassinat. Selon l'usage, on les plaça dans un sac sous une potence et sur un escabeau; lorsque la corde fut passée à leur cou, l'escabeau s'écroula et leurs corps se balancèrent dans le vide.

Les punitions à Sakhaline sont le cachot, les fers, la brouette, les verges et le fouet, toutes aussi cruelles qu'inutiles. Le cachot est noir et rarement aéré; l'homme y est enfermé les fers aux pieds, et je revois toujours un malheureux, à genoux, demandant sa grâce au chef de prison, qui refusa de l'accorder, même quand je lui demandai de le faire par condescendance pour moi. Les fers qui sont mis aux

LES FERS.

mains, réunis par des anneaux, sont attachés aux pieds par une lourde chaîne qui pend entre les jambes du forçat; parfois les chaînes sont longues, et l'infortuné doit marcher longtemps en poussant devant lui une brouette. C'est là une condamnation que seul peut prononcer le tribunal, et qui est moins terrible qu'elle n'en a l'air, d'après ce que m'ont dit quelques forçats.

Les verges ne leur font pas très peur; mais le fouet, le terrible knout, les épouvante. L'homme est couché à plat ventre sur une sorte de banc; ses pieds passent à travers deux trous, et il y a des encoches pour sa tête et ses bras; il est attaché, et le bourreau, qui est souvent un camarade, est chargé de le frapper; si les coups étaient donnés de toute force, le martyr n'y survivrait pas. Cette punition de-

LE KNOUT.

vient rare, car les médecins sont consultés et ils s'y opposent, et déclarent en général que le condamné est trop faible pour la supporter. Un tribunal peut condamner un forçat à cent coups de fouet, un chef de district peut faire donner vingt coups de fouet et cent coups de verges, un chef de prison vingt coups de verges seulement.

Les chefs de prison passent en général pour être

cruels. Des livres ont été écrits par des condamnés politiques dans lesquels ils ont été très sévèrement jugés. Le public peut quelquefois considérer ces livres comme des œuvres de vengeance et, partant, sujets à caution; mais il existe aussi des rapports officiels signés de jurisconsultes, comme M. Dril par exemple, qui furent envoyés en mission et qu'on ne saurait taxer d'exagération. La conclusion qu'on tire de la lecture de ces livres et de ces rapports, c'est que les chefs de prison sont trop souvent de sinistres personnages. Ils sont les vrais maîtres de l'île et les autres fonctionnaires de l'île se trouvent pour bien des choses sous leur dépendance. Ils font espionner ces derniers par des forçats, heureux s'ils peuvent trouver dans leur vie quelque faiblesse, quelque faute de mœurs, quelque indélicatesse dont ils pourront profiter. En gagnant sur le foin, le cuir et les autres choses préparées dans les ateliers, en s'entendant avec les magasins fournisseurs de l'île, ils font de bonnes affaires, et ils peuvent quitter l'île, ayant économisé sur leurs appointements des sommes supérieures à ces appointements même; le jeu cependant fait parfois rentrer dans la circulation le gain qu'ils ont plus ou moins délicatement encaissé.

Les « posselentsy » viennent chercher, à la prison,

la farine que la loi leur accorde, mais ils doivent avoir un sac pour la mettre et pour l'emporter. Les maîtres de prison pèsent le sac, qui est assez lourd,

UN FORÇAT TATAR.

avec la farine; la différence entre le poids livré et le poids à livrer est encore un important bénéfice, car il y a beaucoup de colons à fournir et les petits ruisseaux font les grandes rivières.

C'est si facile de gagner de l'argent! Il faut donner de la viande fraîche chaque dimanche aux prisonniers : on la remplace par de la viande salée, qui coûte moins cher, et, avec l'argent économisé, le chef de prison peut se faire peu à peu un petit troupeau de bêtes à cornes, qui grossit d'année en année. Du cuir est refusé comme mauvais par la commission et mis en vente au rabais ; le chef de prison l'achète en sous-main, et c'est ce même cuir qui, bien que réformé, servira pour les prisonniers ; l'autre, le bon, sera revendu à bénéfice à une maison du continent ou à une autre prison de l'île. Tel maître de prison s'amusa jadis à enfermer un forçat dans un tonneau, qu'il fit rouler sur la pente d'une colline : tel autre, qui n'a pas quitté l'île depuis bien longtemps, faisait fouetter ses prisonniers, en fumant sa cigarette : à chaque bouffée qu'il tirait, on devait frapper un coup. Et ce ne sont pas, loin de là, les seules cruautés que j'aurais à citer.

Il est évident que les gardiens y trouvent aussi leur compte, et que le chef de prison ferme les yeux sur leurs exactions : tel surveillant qui reçoit quarante roubles vit comme s'il avait deux cents roubles d'appointements ; il est d'ailleurs aussi cruel que malhonnête. Ce sont des fonctionnaires et même des prêtres qui m'ont confié ces détails, malheureusement trop vrais.

Ce qui étonne, c'est qu'il n'y ait pas plus souvent de tentatives criminelles sur la personne des directeurs de prison. A la vérité, les forçats sont terrifiés par leurs chefs et leurs gardiens. Sauf à Onor, où je les ai vus revenir gaiement de la forêt apportant des assiettes de fraises qu'ils mangeaient en bavardant, j'ai toujours trouvé dans les prisons un aspect de froide tristesse et de haine non déguisée : les forçats regardaient férocement le visiteur et ne croyaient plus qu'un homme put être capable de bonté.

Il y a parfois une assez grande inégalité dans les traitements infligés aux prisonniers; les femmes savent toujours comment s'attirer les complaisances des gardiens ou même de leurs chefs; les hommes qui n'ont pas cette ressource peuvent, s'ils ont un peu d'argent, s'assurer la complicité des soldats surveillants. Un homme un peu instruit est favorisé par le sort, car on le dispense de prison et il est employé à la chancellerie ou dans des services spéciaux, téléphone ou station météorologique. Un jeune criminel de bonne famille sera toujours mieux traité qu'un malheureux, coupable d'homicide étant pourtant alors en état d'ivresse; on transformera au besoin son crime de droit commun en crime politique. C'est dans la chancel-

lerie de Sakhaline qu'on emploie certain officier
supérieur traître à sa patrie, et coupable d'avoir
vendu des plans à l'étranger. Il a fait ses preuves
dans sa spécialité, et c'est pourquoi sans doute on
l'admet dans les bureaux où sont les papiers importants de l'île. Cet ex-colonel a perdu tout sentiment de pudeur, puisqu'il vint, quelques jours
après mon arrivée, me proposer de me faire des
cartes et des plans; il me parlait sans le moindre
embarras, et il fallait vraiment que cet homme,
criminel plus que tout autre, fût tombé bien bas
pour ne pas comprendre le dégoût qu'il inspirait à
tout homme civilisé.

Mais, me dira-t-on, comment toutes ces choses,
cruautés et injustices, sont-elle possibles? Il n'y a
donc jamais d'inspecteurs venus de Pétersbourg?
Que fait le gouverneur? La première question
serait un peu naïve : quel est l'inspecteur qui voit
quelque chose? Des personnages importants sont
venus de Pétersbourg, ils n'ont fait que paraître et
disparaître, et il ne reste aujourd'hui que le souvenir des promesses qu'ils ont faites et qui n'ont
pas été accomplies. Quant au gouverneur, il est
plein de bonnes intentions, mais il n'est nommé
que pour un temps trop court; il est dans la même
situation que les visiteurs étrangers; il ne voit que

ce qu'on lui laisse voir : il entend même beaucoup moins de choses qu'eux, car on se gêne pour parler avec lui et on lui cache tout ce qu'on peut lui cacher. Les fonctionnaires honnêtes n'osent rien dire ; on se souvient que l'un d'eux fut blâmé, parce que dans une circulaire, il s'était étonné des sommes énormes que perdaient chaque jour, au jeu, des subalternes touchant des appointements modestes. Il ne fut pas seulement blâmé, mais déplacé et accusé de jeter la suspicion sur les gens qui se trouvaient sous ses ordres.

« Ce que nous vous racontons vous effraie, me disait un forçat, c'est ce que nous vous taisons qui est le plus terrible. »

« Vous avez appris bien des choses, me répétait un fonctionnaire, mais croyez bien que nous n'avons pas pu tout vous dire ! Il y a des faits dont on n'ose pas parler. »

Et quand on pense que, malgré tout, il y a des forçats qui, devenus colons dans l'île, regrettent la prison : les paresseux, parce qu'ils y vivaient sans rien faire ; les vieillards, parce qu'ils étaient sûrs d'y manger presque à leur faim !

CHAPITRE IV

Les villages. — La vie des forçats-colons. —
Femmes et familles de forçats.

LES villages, créés par les forçats chargés de coloniser Sakhaline, ont été construits dans le
centre et le sud de l'île. Une route part d'Alexandrovsk, elle côtoie la mer au pied de hautes et
dangereuses falaises, jusqu'à la rivière d'Arkovo,
qui se jette dans le détroit de Tartarie, un peu au
nord d'Alexandrovsk. Un village guiliak, abandonné pendant l'été et composé seulement de
quelques petites cabanes bâties sur pilotis, se
trouve en cet endroit : la route tourne brusque-
ment vers l'est et remonte l'étroite et délicieuse
vallée que descend rapidement la rivière. A la
traversée des trois villages d'Arkovo, les forçats-
colons sortent au bruit de la voiture, et les fillettes
dévisagent effrontément le voyageur qui passe. La
montagne très élevée est escarpée, et la route qui
conduit au col est faite de glaise sur laquelle les

chevaux glissent et l'équipage recule. Des forêts
de bouleaux et d'érables succèdent à de grands
sapins noirs qui ne sont plus que les ruines char-
bonneuses d'un formidable incendie : tout le sol
est parfumé par l'odeur des fraises et des roses.
Le col franchi, on entre dans le bassin de la Tym,
on atteint Armoudane et le village important de
Derbinski où se trouve une prison. La route continue toute droite vers le sud, à travers un pays
plat, entre des forêts à demi-brûlées jusqu'à
Rykovski, siège du chef de l'arrondissement; elle
gravit ensuite le col de Palévo, franchit la ligne de
partage des eaux, et descend dans le bassin de la
Poronaï, traversant plusieurs villages, dont l'un
est abandonné, jusqu'au village d'Onor.

De Derbinski, une autre route beaucoup plus
mauvaise conduit jusqu'au village de Slavo, d'où
l'on gagne à cheval ou en barque celui d'Ado-Tym.
La forêt venait d'être dévastée par un incendie,
et, lorsque je la traversai, l'aspect en était terrible :
les oiseaux semblaient en avoir fui et une odeur
de feu mal éteint nous prenait à la gorge. Plus
loin, la forêt était faite de mélèzes, pleine de lianes
et de troncs déracinés, arrosée de ruisseaux cou-
lant dans des gorges profondes où les ours habitaient nombreux. La colonisation ne poussera pas

plus avant dans le nord de l'île, ou du moins ce
n'est pas probable, et c'est au sud d'Onor, dans le
bassin de la Poronaï, que se construiront de nou-

UNE ROUTE A SAKHALINE.

veaux villages dont les plans déjà sont à l'étude.

Dans le sud de l'île, une route défoncée et presque
impraticable va de Korsakovsk jusqu'à la rivière
Naïba, en remontant la vallée de la Soussouia :
c'est la partie de l'île la plus propre à la colonisation, bien que, comme toutes les autres, les rivières
y aient le caractère de torrents aux rapides et terribles inondations. La route était si mauvaise que

les voyageurs la maudissaient; plus heureux que beaucoup d'autres, je n'y ai versé que deux fois.

J'ai reçu l'hospitalité, tantôt chez des fonction-

naires, tantôt chez des popes, et, le plus souvent, chez les forçats. On me vola plusieurs fois, mais rien de plus grave ne m'arriva.

Il existe dans les villages trois sortes d'individus : 1° des « posselentsy », qui sont, nous l'avons vu, des forçats libérés astreints à la résidence forcée, 2° des forçats qui, au lieu d'être enfermés en prison, ont reçu la permission de vivre au village parce

UNE MINE EN EXPLOITATION.

que leurs femmes, non coupables, ont bien voulu
les suivre, 3° des « posselentsy », qui, après quatre
ans, sont devenus des paysans, et qui, cependant,
restent dans l'île, malgré le droit qu'ils ont d'habiter
en Sibérie ou même de revenir en Russie d'Europe.
Jadis tous les habitants de villages dépendaient du
chef de prison ; on a créé depuis quelques années,
des inspecteurs de la colonisation, ou, pour tra-
duire mot à mot, « des surveillants des posselentsy ». Les forçats seuls, dans les villages,
relèvent aujourd'hui du chef de prison.

L'inspecteur choisit le lieu où doit être construit
le nouveau village ; il est mis à la disposition de
forçats qui vont quitter la prison ou de ménages
qui arrivent de Russie avec le bateau. J'ai vu, par
exemple, non loin d'Onor, un village en construction ; trente couples, débarqués récemment, y
travaillaient, et dans chacun d'eux, soit le mari,
soit la femme, avait volontairement suivi dans
l'exil l'autre conjoint coupable.

L'agronome et le géomètre sont consultés avant
la création du village ; l'un doit faire l'analyse du
sol : il importe, en effet, de savoir si la terre est
bonne dans la clairière que l'inspecteur a choisie
et combien de familles elle pourra nourrir ; l'autre
est chargé de tracer le plan : on fixe avant tout la

place de la rue dont la largeur est toujours de 30 sajènes (63 mètres). Chaque famille reçoit le long de la rue un terrain large de 20 sajènes; si la largeur du terrain est fixée, la longueur en est variable, puisqu'il est admis qu'on peut cultiver derrière la maison jusqu'à la forêt ou jusqu'à la rivière. Dans certains villages, il y a des rues parallèles qui sont séparées par une distance de 120 sajènes (242 mètres) : chaque maison occupant un espace de 20 sajènes carrées, chaque famille a, dans ce cas, à sa disposition un champ long de 63 mètres et large seulement de 42^{m}68 centimètres.

Lorsque la construction du village est décidée, on envoie au lieu désigné les forçats destinés à créer et à habiter le village. On leur donne ou, pour mieux dire, on leur prête à chacun une hache, une scie et des cordes; ils obtiennent ces différents objets à crédit et devront les rembourser plus tard. Ils reçoivent pendant deux ans, chaque mois, de la nourriture composée de 1 poud 27 livres de farine par tête, avec 5 livres de gruau, 5 de viande salée et 18 de poisson salé; — rappelons, à ce sujet, que le poud russe vaut 16 kilos 38, et que la livre russe n'est que de 410 grammes. Les « posselentsy » ne reçoivent pas de thé, et l'inspecteur peut même ne leur rien donner du tout, s'il juge qu'ils possèdent personnellement assez de fortune pour se suffire. Les condamnés à perpétuité qui ont la chance d'avoir été suivis par leurs femmes, et qui vivent avec elles dans les villages, sont mieux traités que les autres villageois; ils sont considérés comme étant en prison et ont droit, à ce titre, à l'ordinaire des prisonniers; quelquefois même, toute leur vie durant, ils reçoivent, plus heureux que les colons, du thé et du savon.

Pendant les deux années que l'administration vient en aide aux habitants d'un nouveau village, elle leur donne deux fois un vêtement de forçat, trois fois, un peu de cirage et quatre, des chaussures. Une femme venue volontairement et non coupable reçoit 16 kilogrammes de farine chaque mois, les enfants âgés de moins de dix ans, un rouble et demi, c'est-à-dire environ 4 francs par mois, de dix à quatorze ans 16 kilogrammes de farine par tête, passé cet âge, ils doivent travailler à leur tour et se suffire à eux-mêmes.

Les colons peuvent demander du bétail à l'administration; ceux qui ont de la famille, et même des célibataires reçoivent une vache et parfois un cheval. Les vaches appartiennent en général à la race du Charolais. Les autres bêtes domestiques sont des poules de Russie, des cochons

de Sibérie et quelques chèvres ; il n'y a pas un
mouton. On a fait quelques essais d'apiculture,
mais l'été est trop court pour que les abeilles
aient le temps de ramasser leur butin et de le
travailler suffisamment. Les chevaux et les vaches
seuls sont donnés par l'administration, et toujours
à crédit ; les déportés ont trois ans pour s'acquit-
ter de leur dette ; la vache leur est comptée de 110
à 140 francs et le cheval de 140 à 180. En fait, la
dette n'est payée que longtemps après le délai
légal ; les pauvres gens ne savent pas et souvent
ne peuvent pas faire d'économies, et plus d'un a
depuis quelques années déjà, le droit de retourner
sur le continent lorsqu'il règle définitivement ses
comptes avec la trésorerie.

La tâche qu'on impose au forçat-colon est, il faut
bien le dire, effrayante, et l'effort qu'on exige de
lui, exagéré : pour réussir, il lui faut le courage et
l'opiniâtreté que seul peut posséder un honnête
homme ; dans une exploitation aussi difficile, il lui
faudrait, en outre et surtout, retrouver l'habitude
du travail et les forces qu'il a perdues, quelquefois
à jamais, sous le régime anémiant de la prison.
Un homme sain de corps et d'esprit échouerait
parfois dans pareille entreprise ; or le déporté est
souvent un malade, déprimé à tout point de vue : la

société s'est inquiétée un peu de sa santé physique lorsqu'il était enfermé, et pas du tout de sa santé morale. Le malheureux n'a plus confiance en personne, il est le chien battu toujours prêt à mordre, il doute de ses chefs, qu'il ne connaît que par leurs défauts, de ses camarades, qui le voleront si son travail produit quelques résultats, et de lui-même, parce qu'on n'a jamais cherché à lui rendre le respect de sa propre personne et parce qu'il n'a plus que de la mauvaise volonté. Si, dès son arrivée, on lui avait confié le travail qu'on lui impose quand il n'est plus ni physiquement ni moralement capable de l'accomplir, l'œuvre colonisatrice de la Russie y aurait gagné, et la tâche aurait peut-être eu, aux yeux du déporté lui-même, un caractère de régénération.

J'ai vu telle place qu'on avait résolu de transformer en village : la clairière était petite, mais elle avait été agrandie en brûlant la forêt qui l'entourait ; avant de commencer tout travail agricole, il y avait des troncs calcinés à abattre et des racines à arracher ; les forçats vivaient dans des baraquements et coupaient du bois pour construire leurs maisons. Les futurs colons travaillaient mollement, ayant, en même temps que leurs forces, perdu toute espérance !

Une maison, d'ailleurs, ne vaut guère plus de
10 à 15 roubles; on en trouve pourtant dans les
gros villages qui en valent 200; les villages les
plus florissants sont, en général, au sud; pourtant, au centre de l'ile, il y a plus de quatre
cents maisons à Rykovski, et à Onor, plus de trois
cents.

Une maison qui vaut plus de 200 roubles fait
supposer que le propriétaire vit dans l'aisance; il
y a, en effet, des libérés qui sont relativement
riches; les forçats, qui se sont trouvés retranchés
de la société, s'empressent d'en fonder une plus
petite, mais ressemblant à celle dont ils ne font
plus partie. La classe aisée peut être divisée en
quatre groupes : il y a d'abord les gens qui ont été
déportés, possédant déjà une petite fortune; viennent ensuite ceux qui se sont mis de tout leur
cœur à l'ouvrage, qui ont travaillé la terre ou
exercé un métier avec honnêteté et économie;
enfin viennent les commerçants usuriers et les
gens qui vivent d'expédients. Le reste de la population — et c'est le plus grand nombre — est composé de gens qui, par paresse, par malchance, ou
par infirmité vivent dans la misère, souvent dans
le vice et sont presque toujours prêts à faire un
mauvais coup.

Les plus fortunés prennent bientôt les allures de nos bourgeois et de nos capitalistes, parlent avec mépris et indignation des crimes de leurs ex-compagnons et accusent la police de ne pas faire son devoir.

Il est vrai qu'il ne se passe pas un jour sans qu'on ait à enregistrer plusieurs vols parfois dans un seul village, et les assassinats sont très fréquents. Il y a des bandes qui vivent dans la forêt et terrorisent les villages ; elles ne se contentent pas de voler, elles tuent, et on a vu même des forçats affamés qui ont assassiné pour se nourrir de chair humaine.

Ils peuvent se procurer les choses dont ils ont besoin en s'adressant aux succursales du « fonds » qui se trouve dans les gros villages. Le fonds est fait en principe pour vendre à bon marché les objets nécessaires aux paysans : il y a d'autres boutiques qui doivent recevoir une permission spéciale pour la vente du tabac ou pour être tenues par un gérant. Le fonds vend beaucoup plus cher que les autres boutiques, il achète à des commissionnaires au lieu de chercher à trouver de la marchandise de première main; il se passe là, si tout ce qu'on raconte est vrai, mille choses passablement scandaleuses, mais les fonctionnaires ne peuvent rien dire, car le fonds leur vend habilement à crédit, et les dettes contractées les obligent au silence.

Nul, pas même le fonds, ne peut vendre d'eau-de-vie; mais on a vu des employés du fonds et même des fonctionnaires plus importants faire, de façon interlope, le commerce de l'alcool. Les forçats paient n'importe quel prix un litre d'alcool; ils vendraient leurs femmes ou leurs filles à qui leur en proposerait un peu. A Noël, à Pâques, le 1er octobre et le 1er janvier, qui sont de grandes fêtes religieuses, ainsi qu'aux fêtes impériales, chaque villageois reçoit un quart de litre d'alcool; et ce sont pour les déportés les plus beaux jours de l'année, qu'ils attendent toujours impatiemment: c'est alors une ivresse générale. Celui qui fait la distribution de l'alcool est le « staroste », sorte de représentant du village, choisi par les camarades. C'est aussi le staroste qui est chargé d'engager et de payer le pâtre qui garde le troupeau du village, et les veilleurs de nuit; il envoie les malades à l'hôpital, fait réparer les routes et les ponts. S'il est en bons termes avec un soldat surveillant, il peut s'entendre avec lui pour bon nombre de petits profits louches; il ferme généralement les yeux sur certains faits; par exemple

il ne dénonce jamais les paysans qui établissent
des distilleries dans la forêt, ce qui est très fréquent, quoique sévèrement puni par la loi. Il y a

UNE FEMME FORÇAT.

des villages entiers qui font en effet et de façon
très primitive de l'eau-de-vie, et, jusqu'au moment
où le scandale éclate, bien des gens ferment les
yeux; ceux qui l'achètent et la boivent en sont
enchantés, les fabricants interlopes en tirent profit,

et ceux qui devraient parler, starostes ou soldats surveillants, se taisent, parce qu'ils y trouvent largement leur compte.

Voilà de tristes mœurs et des choses bien étranges ; qu'a-t-on fait pour moraliser et ramener au bien les forçats-colons? On a cru trouver trois moyens de moralisation dans l'influence de la femme, des enfants et des prêtres.

Il y a, à Sakhaline, deux sortes de femmes : la déportée et la volontaire. La première est mariée dès son arrivée, il fut même un temps où elle était donnée à un colon, selon les caprices du chef de district et sans qu'elle fût consultée; aujourd'hui, on exige le consentement de la femme. Ce n'est pas à vrai dire un mariage, mais un concubinage légal, que décide et permet le chef de district sur la demande des deux intéressés, transmise par l'inspecteur de colonisation. Le mariage n'est souvent pas possible, car on doute parfois de la personnalité d'un des conjoints qui a refusé de dire son nom ou présenté des papiers évidemment faux. D'autres fois, l'un d'eux est marié en Russie et le divorce n'est pas prononcé. On permet pourtant à ceux qui le demandent de se mettre en ménage : ils promettent seulement de faire bénir leur union dès que la loi le permettra. En fait, cette promesse n'est pas toujours tenue, le ménage d'ailleurs parfois se disloque, et j'ai connu tel forçat qui en était à son troisième concubinage, toujours avec promesse d'épouser.

La deuxième catégorie de femmes est plus intéressante : elle est composée de braves filles qui ont suivi volontairement leurs maris coupables. Mais si les femmes forçats ne valent pas grand'-chose, les volontaires sont malheureusement trop vite corrompues. Les colons-forçats qui sont en ménage légitime ou non, ne travaillent plus et vivent de la prostitution de leurs femmes, qu'ils vendent ou jouent aux cartes.

Quels enfants peuvent naître de pareils parents? Je le laisse à penser. Les générations nées sur la terre du bagne sont plus corrompues que celles qui les ont précédées. Les enfants s'amusent aux jeux les plus scandaleux, les garçons volent et se grisent, et les filles sont souvent vendues, à l'âge de quatorze ans, et par leurs parents eux-mêmes.

On a ouvert des asiles et des écoles, et il faut avouer que depuis quelque temps on semble s'occuper plus sérieusement du sort des enfants. Les maîtres sont le plus souvent des exilés politiques qui se consacrent de tout cœur à leur tâche, mais ce sont parfois des condamnés de droit commun qui n'ont qu'une influence déplorable sur les enfants. Quel ascendant moral pourraient-ils avoir sur eux? A Derbinski, la maîtresse d'école était une baronne, qui avait mis elle-même le feu à sa maison afin d'en toucher l'assurance; très joueuse, elle voulait risquer cet argent. Voilà donc des enfants, fils de voleurs et d'assassins, qui étaient éduqués par une joueuse et une incendiaire!

Les popes de Sakhaline comme tant de prêtres en Sibérie, aiment le jeu, le vin et les filles. S'ils ont d'ailleurs certaines qualités, leurs défauts les empêchent de pouvoir grand'chose pour l'amélioration de leur entourage. Les meilleurs d'entre eux sont ceux qui se montrent indulgents pour les fautes des autres comme ils le sont pour leurs propres péchés.

Bien des fonctionnaires comprennent qu'il faudrait trouver d'autres moyens de moralisation; mais on ne les y aide pas. Les directeurs qui viennent de Pétersbourg ne voient rien, ou pour mieux dire, ne prennent pas le temps de voir : il est vrai qu'ils promettent beaucoup.

CHAPITRE V

Les richesses de l'île. — Les mines. — Visite à un charbon-
nage. — Un type de forçat.

L a Russie a donc dépensé en vain de grosses
sommes d'argent à Sakhaline; sa tentative de
colonisation pénale a abouti à un échec, tout le
monde en convient aujourd'hui. Convaincue des
défauts et des dangers de la prison commune,
l'administration de l'île allait faire, lors de mon
départ, un essai de prison cellulaire, et déjà une
grande baraque était à peu près construite à
Rykovski. Je crains que le résultat n'en soit pas
meilleur. Il est curieux de songer que les gens
qui, comme l'a fait M. Drill, ont étudié sur place
les colonies pénitentiaires de différents pays, déclarent que le forçat le moins malheureux est
peut-être encore le déporté de Russie; le savant
spécialiste que je viens de nommer critique pourtant avec une juste sévérité les prisons de Sakhaline, et quand on lit ses œuvres, on est tenté de
croire qu'en matière de transportation pénale le

meilleur des systèmes employés actuellement n'est pas sensiblement moins mauvais que les autres.

L'idée de coloniser une terre encore en friche par le travail des forçats n'est pourtant pas critiquable en soi, mais encore faut-il que cette terre soit cultivable : l'île de Sakhaline est peu propre à la culture, elle contient pourtant d'incontestables richesses, et c'est à celles-là qu'on aurait dû consacrer les efforts des déportés.

Le manque de ports, la difficulté de pénétration dans l'île, la rigueur du climat font que les richesses de l'île seront, longtemps encore, toujours peut-être, inexploitables. J'ai personnellement peu confiance dans les naphtes découverts au nord de l'ile, et surtout dans les sables aurifères dont les habitants sont trop disposés à s'exagérer l'importance. On nous vante, avec emphase, les découvertes récentes : cuivre, or, argent, marbre, rien ne manquerait à Sakhaline. Il serait imprudent de dire que les montagnes ne renferment pas les richesses dont on parle, elles sont à peu près inexplorées, et la géologie de l'île est fort peu connue; mais en Extrême-Orient russe, comme dans toute la Sibérie, chaque personne a toujours une mine merveilleuse à proposer au voyageur qui passe, et trop de gens se sont laissé séduire

par des paroles et des illusions. Quand les filons
proposés sont réels et riches, l'exploitation en est
encore matériellement impossible; les sommes
d'argent englouties dans de chimériques entre-
prises dépassent tout ce qu'on peut imaginer et
sont très inférieures à celles qu'ont rapportées les
quelques affaires actuellement bonnes.

Abstraction faite de l'ambre qu'on trouve en
assez grande quantité le long du golfe de la Pa-
tience, l'avenir de Sakhaline semble être dans les
charbonnages et surtout dans les pêcheries.

La côte occidentale de l'île tombe en pentes
abruptes dans la mer, au-dessus de laquelle elle
s'élève jusqu'à une altitude de 1 200 mètres; si
elle n'offre aucun port commode, elle met pourtant à découvert quelques gisements de charbon,
dont la qualité, si l'on en croit les capitaines de
bateaux, est inférieure à celle qu'on lui accorde
ordinairement surtout dans les statistiques offi-
cielles. L'un d'eux me racontait, cette année pré-
cisément, que le charbon ne pouvait pas encore
être employé sans danger et qu'il produisait des
flammes susceptibles de causer un incendie; ce
qu'il me disait fut prouvé quelques jours plus tard,
puisqu'il y eut sur le bateau, *la Soungari,* un
commencement d'incendie, dû au charbon de

Sakhaline qui ne semble pas arrivé à complète
maturité. Il n'en est pas moins vrai qu'actuellement on extrait plus de 16 millions de kilogrammes de houille des charbonnages exploités :
les principaux sont ceux de Doué et de Vladimirovski, placés sous la direction des prisons, et
ceux de Mgatchinski, qui appartiennent à la Compagnie Makovski.

Un capitaine de bateau norvégien, qui avait
jeté l'ancre devant Alexandrovsk, et demandé la
permission d'acheter du charbon à la mine de Vladimirovski, m'offrit de me transporter jusqu'à ces
charbonnages, situés au nord d'Alexandrovsk;
j'acceptai la proposition. Le voyage ne fut pas très
long, et nous nous arrêtâmes devant une étroite
vallée; sur le rivage étaient quelques maisons et
une jetée en bois assez branlante s'allongeait
dans la mer; on apercevait la petite ligne ferrée,
à voie étroite, sur laquelle descendaient des wagonnets. Une chaloupe à vapeur remorquait les
grandes barques servant à l'embarquement du
charbon. « Dans un port d'Extrême-Orient, me dit
le capitaine, des travailleurs chinois mettraient
trois heures pour m'apporter le chargement dont
j'ai besoin; avec les forçats j'en ai pour plus d'un
jour peut-être !... »

CONSTRUCTION D'UN VILLAGE DE FORÇATS LIBÉRÉS.

Le fait est que, sur la jetée, la plupart des hommes étaient couchés, et les autres travaillaient mollement. Un fonctionnaire vint à ma rencontre : il s'avançait au milieu de forçats vautrés, et nous enjambâmes quelques corps pour aller nous serrer la main. Il me proposa de visiter la mine, et m'invita à m'asseoir sur un petit wagonnet, sorte de char-à-bancs, que traînait un cheval sur le chemin de fer à voie étroite. Un forçat servait de cocher. La vallée de la rivière de Vladimirovski est ravissante, le torrent y coule avec un bruit joyeux, capricieux et léger, sur un lit de cailloux brillants.

« Ce pays me plaît », dis-je alors.

Ce ne fut pas le fonctionnaire, mais le cocher qui répondit :

« Par Dieu, vous n'êtes pas forcé d'y vivre ! »

Et ce mot me ramena à la réalité, c'était encore un bagne que je visitais ! Les sombres couloirs de la mine, humides, pleins de flaques d'eau, avaient l'aspect ordinaire des charbonnages déjà vus ; tout y était primitif et rudimentaire, mais je m'étonnais surtout de n'y pas trouver de travailleurs. A la vérité, c'est une exploitation qui commence mal, et qu'il faudrait changer et poursuivre par des moyens plus rationnels. Les ouvriers mineurs

sont des forçats et la compagnie qui exploite paie
un impôt de 1/4 de kopek par 16 kilogrammes de
charbon extrait. Le nombre des ouvriers est fixé
par un contrat passé entre l'état et la compagnie
qui verse chaque jour à la trésorerie de l'île,
20 kopeks par homme employé. Si le chef de prison
ne peut fournir le nombre d'hommes exigés, c'est
la trésorerie qui doit à la compagnie un dédom-
magement d'un rouble par travailleur manquant :
de là, les dettes pour la trésorerie de l'île et des
combinaisons, parfois bizarres, souvent peu scru-
puleuses.

Une maisonnette, ornée d'une petite véranda,
avait été construite pour le fonctionnaire surveillant, à côté des casernes destinées aux ouvriers.
Ceux-ci vivaient en tas dans une repoussante
saleté; en été, les misérables ne peuvent certes
pas dormir dans leurs mauvais baraquements, et
en hiver, ils doivent atrocement souffrir dans cette
atmosphère qui me semblait insupportable. Dès
que j'entrai, les forçats cachèrent leurs cartes :
la plupart d'entre eux étaient occupés à jouer, et
le fonctionnaire qui m'accompagnait leur dit :

« Ne craignez rien, vous pouvez jouer! »

Et se tournant vers moi, il ajouta :

« A quoi bon leur défendre le jeu, ils jouent

tous ouvertement ; si je le leur interdis, ils iront
jouer dans les bois ; nous sommes impuissants
pour lutter contre une telle passion, et, après tout,
c'est là leur seul plaisir ! »

Je passai tout le jour avec les ouvriers, et
vers dix heures du soir, je revins sur le wagonnet
jusqu'au rivage. Le téléphone (car le téléphone
existe à Sakhaline ! On y manque de tout, mais on
a le téléphone !) m'avait averti qu'une chaloupe à
vapeur viendrait me chercher pendant la nuit, et
je l'attendis dans une affreuse baraque, habitée
par un gardien, dans laquelle pêle-mêle, les uns
sur les autres, dormaient quelques forçats. Le
repos m'y aurait semblé impossible, les mouches
y volaient par centaines en bourdonnant de façon
monotone, les murs étaient couverts de gros ca-
fards jaunes qui s'y promenaient par bandes : parfois ils se hasardaient au plafond d'où ils tom-
baient lourdement sur nos visages et sur nos
mains. Un mélange d'odeurs nauséabondes, produit par les vêtements et par les peaux à moitié
pourries, par la cuisine et par la graisse, par la
vermine et par les gens, semblait intolérable dès
qu'on entrait dans la cabane.

« Vous voyez ici ce qu'est un intérieur à Sakhaline, me dit le fonctionnaire ; les gens vivent dans

la saleté et dans la puanteur, sans distractions, sans plaisirs, sans famille et sans femmes! »

Une petite chaloupe venait d'arriver; la mer était superbe, mais la nuit glacée; un soldat me remit une peau d'ours, dans laquelle je m'enveloppai frileusement, malgré l'odeur qu'elle dégageait; outre les matelots ordinaires de la chaloupe, quatre autres forçats revenaient avec moi.

J'interrogeai l'un d'eux sur son passé, et il ne mit aucune difficulté à me répondre. Il me fit, comme tant d'autres, de la façon la plus naturelle, une confession monstrueuse; il parlait d'une voix monotone et brutale, méchamment et avec indifférence pour ce qu'il me racontait. Il était né dans la province d'Oufa, sur le versant européen des monts Oural; il aurait pu vivre presque dans l'aisance, s'il avait voulu s'en donner la peine, mais, avouait-il, il n'aimait pas à travailler tous les jours et adorait le jeu et l'eau-de-vie. Il s'entendit avec quelques misérables de son espèce, arrêta avec eux des marchands qui passaient, qu'ils dépouillèrent après les avoir assommés. Il fut condamné aux travaux forcés, mais sa femme ne le suivit pas à Sakhaline.

« Pensez-vous quelquefois à elle? Vous écrit-elle? Aviez-vous des enfants, lui demandais-je? »

Le forçat eut un éclat de rire presque sinistre,
et avec un geste de brutale insouciance, il me
dit :

« Elle était assez bien bâtie pour se trouver un
autre homme; elle m'a oublié. Quant au petit,
il était trop jeune quand je l'ai quitté. Je ne pense
jamais au passé. Connaissez-vous mon village? »

Il m'en dit le nom; souvent j'avais traversé en
tarantas le district dont il était originaire. Je ré-
pondis affirmativement à sa question pour le faire
parler encore, et j'eus même l'aplomb de lui dé-
crire son village, que pourtant je ne connaissais
pas; mais tous les hameaux russes se ressemblent, et je lui parlai de la large rue au milieu de
laquelle s'élevait une petite église. Il m'interrompit tout à coup :

« Oui, c'est bien cela; eh bien, souvenez-vous,
la maison, la dernière à droite avant l'église,
c'était la mienne, et c'est là que j'ai laissé pour
toujours toute seule... maman! »

Il hésita en finissant sa phrase, sa voix s'as-
sourdit et trembla, et comme presque tous les
Russes parlant de leur mère, il employa le mot
de « mamacha », petite maman! Honteux de son
émotion, il s'éloigna et se mit bruyamment à siffler
un air qu'il s'efforçait de rendre joyeux, mais je

le vis plusieurs fois qui portait la main à ses yeux.

Ce fut ainsi que nous atteignîmes la jetée : les falaises prenaient dans l'ombre des formes bizarres, quelques feux vacillants nous indiquaient la place de la ville ; la mer brillait silencieuse sous la clarté des étoiles, et je rêvai mélancoliquement à côté de ce forçat qui pleurait !

J'entrai dans la ville qui tout entière dormait ; çà et là des lanternes sourdes brûlaient au coin des rues ; les veilleurs de nuit, réveillés par le bruit de la voiture, frappèrent, selon l'usage, avec des baguettes, leurs planches sonores pour prouver qu'ils étaient là, prêts à écarter les voleurs des maisons où reposaient les forçats. Ma porte était barricadée, et j'y frappai plusieurs fois : « Parlez, maître, s'écria le condamné qui me servait de domestique, il y a tant de voleurs à Alexandrovsk ! Je n'ouvrirai la porte que lorsque je serai sûr que c'est bien vous ! »

CHAPITRE VI

La question des pêcheries. — Les pêcheries japonaises. — Leurs difficultés avec la Russie. — L'engrais et les conserves de harengs. — La faune marine de Sakhaline.

ON prête à l'administration à la suite de l'échec qui a suivi l'essai de colonisation pénale à Sakhaline, l'idée de consacrer les efforts et le travail des forçats aux industries poissonnières. Cette idée, car ce n'est qu'une idée, pourrait être étudiée et le résultat de l'exploitation nouvelle ne saurait être plus mauvais que celui qu'a donné la colonisation, peut-être même serait-il très satisfaisant, car le poisson est incontestablement la grande richesse de l'île. La question des pêcheries n'a d'ailleurs pas seulement à Sakhaline une importance économique de premier ordre, elle peut en outre devenir le pivot de la politique russo-japonaise d'Extrême-Orient.

Dès le commencement du siècle dernier, le Japon, dont la population croissait déjà avec une prodigieuse rapidité, avait en effet senti le besoin de développer partout où il le pourrait le nombre de ses industries poissonnières : la nourriture des Japonais se compose en grande partie de poissons crus ou cuits. L'île de Sakhaline était voisine de l'empire du Soleil Levant; arrosée par deux courants, l'un froid et l'autre chaud, elle présentait une incroyable quantité de petites baies où le hareng venait en bancs pressés; les rivières et les torrents qui arrosaient l'île étaient fréquentés par des bandes de saumons qui, chaque année, y déposaient leurs œufs; les côtes de l'île devinrent le lieu de rendez-vous préféré des pêcheurs japonais.

Le poisson n'est pas seulement l'aliment essentiel des habitants du Japon, il leur fournit en outre l'engrais qu'ils considèrent comme le meilleur et dont ils ne peuvent plus se passer. Les richesses du Japon sont l'indigo, le riz et le mûrier qui nourrit les vers à soie : la population augmentant tous les jours, on comprend que les endroits cultivés deviennent de plus en plus nombreux. Les cultivateurs se servaient jadis, pour fumer les champs et les rizières, des haricots que des bateaux allaient chercher en Corée, dans les ports de Fou-san et de Tchemoulpo, et en Chine, dans ceux de Tchi-fou et de Tien-tsin. L'engrais, produit par les cosses de haricots écrasées, a le grand avantage de revenir à très bon marché, il coûte à peine le cinquième du prix que vaut l'engrais de poisson ; mais celui-ci a une action chimique dix fois plus forte : c'est donc encore une économie que de l'employer de préférence à tout autre. Les Japonais l'ont apprécié surtout pendant la guerre de Chine, à l'époque où il leur était impossible d'aller chercher dans des ports ennemis les marchandises dont leur pays avait besoin.

Lorsque je quittai Sakhaline, je partis avec le consul du Japon dont la résidence est à Korsakovsk. Mon ami Kouzé — tel est son nom — me fit visiter les principales villes de l'île d'Yéso, que nous traversâmes ensemble. Yéso est l'île la plus septentrionale du Japon, très proche de la terre russe. Cette île est le grand marché du poisson dont les pêcheurs de Sakhaline sont les fournisseurs. Je pus facilement me convaincre de l'importance qu'attachait le peuple entier à la question des pêcheries. Des fonctionnaires, des journalistes, les directeurs des douanes, des marchands venaient à tout moment voir le consul et lui demander si vraiment la Russie pensait à leur enlever les privilèges gardés jusqu'à ce jour.

Il y a beaucoup de poissons dans les mers japo-

naises, mais ils ne suffisent pas à la consomma-
tion. Les harengs, si nombreux jadis autour de
Yéso, ont disparu, effrayés sans doute par le bruit
des très nombreux bateaux à vapeur; ils se sonf
réunis à ceux qui vont dans les eaux tranquilles
de Sakhaline. Les saumons, maladroitement pour-
chassés à l'époque où ils venaient frayer dans les
rivières des îles japonaises, sont beaucoup moins
nombreux qu'autrefois. Or ce sont des harengs
destinés à fumer les champs, et des saumons
pour les conserves, dont ne peuvent se passer les
Japonais. Si le droit de pêcher le saumon sur les
côtes russes leur était enlevé, les conséquences
de ce fait seraient graves, mais la perte du droit
de pêche au hareng porterait un coup plus terrible
encore à l'industrie japonaise : un grand nombre
d'industriels et de marchands seraient ruinés, et
le pays entier traverserait une crise économique
de la plus haute gravité.

Les diplomates russes ont bien compris la situation et cherchent à en tirer pour le pays qu'ils
représentent tous les avantages possibles. Ils
savent que c'est par des concessions dans les
baies du Kamtchatka, où les saumons sont innombrables, et dans celles de Sakhaline, où les harengs
arrivent en bancs multiples, que la Russie forcera

le Japon à se taire et à fermer les yeux, en un mot à accepter malgré lui les événements qui se passeront prochainement peut-être en Extrême-Orient. Les journaux de langue anglaise qui paraissent au Japon excitent chaque jour les Japonais contre les Russes, en leur parlant de Mandchourie; le Japon et la Russie peuvent pourtant encore, présentement du moins, trouver une solution amiable sur bien des points. C'est en partie dans cette crainte que l'Angleterre s'est alliée à l'Empire du Mikado.

Les Russes et les Japonais exagèrent chacun à leur façon quand on discute avec eux la question des pêches. Pour un Russe, priver le Japon du droit de pêcher le hareng, c'est ruiner le Japon tout entier. Un Japonais au contraire affirmera que la situation n'est pas si grave; que des essais d'engrais artificiel ont été déjà faits avec succès, que le Japon, après un moment un peu difficile, sortirait vainqueur de difficultés qu'il envisage très froidement d'ailleurs.

« Grâce à la question des harengs, nous avons barre sur les Japonais, me disait un diplomate russe.

— Ce qui fait la supériorité des Russes, me disait un autre diplomate, japonais celui-là, c'est qu'ils ont sur ce point une politique affirmative, tandis que la nôtre est toute négative ; ils savent ce qu'ils veulent, tandis que nous, nous savons seulement ce que nous ne voulons pas. »

Ce que les Russes ne disent pas pourtant, c'est qu'en mettant des droits de pêche plus élevés, ou en écartant de leurs eaux les bateaux de leurs voisins et en s'occupant eux-mêmes de l'industrie poissonnière, ils devront chercher des clients pour leur acheter les poissons : or ce n'est pas sur le continent qu'ils écouleront leur marchandise, et ils seront trop heureux de trouver encore l'argent des Japonais. Si le Japon n'est pas riche, la Russie, elle aussi, n'en a pas moins besoin d'argent, et l'Europe entière le sait bien. La question, très grave évidemment pour les Japonais, n'a pas seulement une face, comme le voudraient faire croire les Russes. Bien que la partie méridionale de Sakhaline ne soit plus terre japonaise, il sera difficile de faire comprendre aux Japonais qu'ils n'ont pas sur le poisson de l'île des droits acquis et consacrés par le temps.

Actuellement le poisson exporté à l'étranger paie par poud, c'est-à-dire par seize kilogrammes, cinq kopeks (0 fr. 135) si l'exportateur est un Russe, et s'il est un étranger, sept kopeks (0 fr. 189).

On prélève aussi sur les commerçants japonais
un droit correspondant au tonnage du bateau
pêcheur. C'est le rivage occidental de l'île qui est
considéré comme le plus favorable à la pêche, du
moins dans la moitié méridionale de Sakhaline. Il
y a sur cette côte, entre les mains d'industriels
russes, des pêcheries très importantes.

Les harengs viennent sur les côtes de Sakhaline deux fois par an, au printemps et en été. Au
printemps, ils arrivent en bancs serrés et restent
un mois environ dans les nombreuses petites
baies de l'île. Chaque année, pendant cette période, ils s'approchent trois fois du rivage. Il
arrive souvent qu'un banc de harengs s'arrête si
près du bord au moment du flux qu'il reste en
partie échoué sur le rivage : une grande partie
des poissons est en effet surprise alors par le re-
flux, et la mer se retire au loin, les laissant en
tas, hauts de plus d'un mètre. C'est une bonne
aubaine pour les pêcheurs, qui ramassent les
harengs à la pelle, les jettent dans des corbeilles
ou en emplissent des voitures. Ce fait, qui n'est
pas rare, n'a pas lieu aussi abondamment chaque
année, mais la mer laisse souvent des harengs sur
le rivage. Un rien suffit d'ailleurs pour effrayer
le banc tout entier, et les Aïnos, indigènes de

l'île dont je parlerai dans la suite, affirment qu'un coup de fusil suffit parfois pour écarter d'une baie tous les poissons qui d'ordinaire y entraient.

LA PÊCHERIE DE MAOUKA.

En été, les harengs ne ressemblent pas à ceux qui furent vus au printemps : ils sont plus ronds et plus petits, mais leur chair est par contre plus grasse, et, lorsqu'elle est salée, beaucoup plus délicate. Les Japonais prétendent qu'ils appartiennent à une espèce particulière et qu'ils ne sont pas les produits de ceux du printemps, comme l'affirment, sans doute à tort, les pêcheurs russes.

C'est dans l'île même que les Japonais préparent
l'engrais de poisson, qui est fait exclusivement
avec des harengs. Lorsque les poissons sont pris,

PRÉPARATION DE L'ENGRAIS DE HARENGS.

les ouvriers les mettent sur la plage, puis les
jettent dans de grandes marmites où ils cuisent
avec un peu d'eau. Quand ils jugent la cuisson
suffisante, ils retirent les harengs, et les mettent
sous presse, de telle façon que l'eau et la graisse

sortent complètement et qu'il n'en reste plus la moindre goutte.

Cela fait, les Japonais étendent sur le sol de grandes nattes, qui ne sont pas faites, comme celles qu'emploient ordinairement les Russes, avec l'écorce du tilleul, mais avec de la paille de riz; si le tilleul est nombreux dans les forêts russes, on sait aussi que le Japon est en partie occupé par des rizières. La pâte, obtenue après que le corps des harengs a été sorti de la presse, est étendue sur la paille de riz et reste longtemps à sécher au soleil, puis on l'emballe dans des sacs faits avec des nattes japonaises. Cet engrais, qui a des qualités chimiques incomparables et avait merveilleusement réussi pour la culture du riz et de l'indigo, n'a pas donné des résultats moins satisfaisant lorsqu'on en a fait l'expérience pour la culture du mûrier. Chacun connaît l'importance du mûrier pour les Japonais; toutes les grandes maisons de Lyon ont des succursales au Japon et des représentants chargés de leur acheter de la soie.

La façon dont les Japonais conservent le poisson est intéressante, elle aussi. Ils le vident, tout d'abord, et le salent; ils mettent ensuite, sur des nattes ou des sacs, une épaisse couche de sel, sur laquelle ils placent les poissons les uns près

des autres, mais en sens inverse, la queue de l'un
près de la tête de l'autre; ils font deux rangées
superposées l'une à l'autre, et sur lesquelles ils
mettent une nouvelle couche de sel; puis ils
placent d'autres poissons, perpendiculairement à
ceux qu'ils ont posés les premiers, et ainsi de
suite; le tas obtenu a parfois plus de 2 mètres de
hauteur, sur 1ᵐ50 de largeur. Autour des nattes,
on a fabriqué grossièrement des gouttières en
terre, par lesquelles le sang et l'eau s'écoulent;
le poisson devient dur comme du bois, il semble
très salé et n'a pas bon goût.

La quantité de harengs exportés au Japon,
chaque année, conserves ou engrais, atteint de
quatre à cinq millions de kilogrammes.

Les ouvriers employés dans les industries ne
sont pas des Russes, mais des Japonais, et je ne
crois pas que les Russes pourraient produire [un
travail comparable à celui des Japonais. Il est
évident que les forçats n'auront jamais l'ardeur
des ouvriers libres qui se donnent de la peine
pour un gain qu'ils espèrent rendre meilleur;
d'un autre côté, pour des raisons physiques, un
Japonais réussira toujours mieux qu'un Russe
dans une pêcherie de Sakhaline.

La première pêche a lieu au printemps, et le

printemps de Sakhaline est une époque froide; l'eau est glaciale, et pourtant les Japonais travaillent toute la journée dans l'eau, les jambes nues parfois jusqu'aux genoux. On voit à leur visage qu'ils sont gelés et qu'ils grelottent, mais ils restent pourtant courageusement occupés à leur tâche, chantant leurs chansons pour oublier la rigueur de la température. Les appointements qu'on leur donne sont d'ailleurs assez forts pour les contenter; il faut dire que la vie n'est pas chère au Japon et que les salaires y paraîtraient ridicules aux ouvriers français; mais ce qui les séduit dans les pêcheries de Sakhaline, c'est qu'au fixe alloué à tous vient s'ajouter un tant pour cent sur la prise journalière de chacun.

Outre les ouvriers japonais, on voit travailler dans les pêcheries les indigènes de Sakhaline, surtout sur la côte orientale de l'île : ce sont des Aïnos, des Guiliaks et même des Oroks. Ces ouvriers indigènes ne sont guère payés qu'en nature. L'un deux me disait qu'un travailleur, homme ou femme, reçoit en général pour une saison de pêche, soit au hareng, soit au saumon, quelques kilogrammes de riz, un vêtement japonais, plusieurs mètres d'étoffe, des pelotes de fil et des aiguilles, le tout valant de 22 à 23 francs.

JONQUES JAPONAISES ATTENDANT LEUR CHARGEMENT DE POISSONS.

« On nous donne toujours, me disait un sauvage, du tabac et des allumettes. Et puis nous
avons beaucoup d'arêtes de poisson! »

Je ne pus m'empêcher de rire de ce dernier
cadeau que l'Aïno relatait triomphalement; mais,
on le verra plus loin, la richesse des indigènes est
constituée par des chiens dont la peau leur sert de
vêtement et la chair de nourriture; beaucoup
d'arêtes de poisson constituent donc une succession de repas exquis pour les malheureux chiens
de Sakhaline, qui n'ont pas à manger tous les jours
en hiver. Les sauvages font aussi des aiguilles
avec les arêtes de poissons.

Les indigènes pêchent surtout pour leurs besoins
personnels dans les rivières de l'île; le poisson
qu'ils y poursuivent est le saumon. Le saumon
est représenté à Sakhaline par des espèces nombreuses, les mêmes d'ailleurs que celles qui vivent
le long du continent et dans les baies du Kamtchatka. Il est curieux d'observer que plus ce poisson vit au nord, plus sa qualité est fine et sa chair
succulente. Les deux espèces principales dont
vivent les habitants de l'île sont la « gorboucha »
ou bossue et la « keta » (*salmo lagocephalus*). Frais,
ces poissons sont délicieux, mais la keta se conserve mieux dans le sel que la bossue. Ces pois-

sons arrivent par bandes à époques fixes pour déposer leurs œufs dans le ruisseau même où ils sont nés. Ils viennent si nombreux qu'on peut parfois les prendre à la main; il semble cependant que jadis il y en avait davantage et cela tient à ce que les indigènes les pêchent avant qu'ils aient eu le temps de déposer leur frai dans le lit de la rivière. Au Kamtchatka où ils sont moins inquiétés, les saumons nagent en bandes si importantes et en rangs si serrés qu'ils peuvent renverser un bateau de pêche.

Les autres poissons, qu'on trouve à Sakhaline en si grand nombre, sont dédaignés. J'ai vu un pêcheur aïno qui jetait un jour avec mépris à son chien un superbe turbot qu'il avait pris :

« Cela ne vaut rien, me dit-il, c'est tout au plus bon pour les chiens! »

Les rivières contiennent des gardons, des perches, des brochets, mais la faune marine surtout est curieuse; nulle part, la faune des mers polaires ne pénètre si avant vers le sud que dans les mers de Behring et d'Okhostk, où avec les courants et les glaçons, viennent en grande quantité les animaux et les poissons de l'océan du Nord.

La pêche à la baleine a commencé à se développer au nord de Sakhaline vers 1840. C'est depuis 1847 que les armateurs américains s'y sont adonnés sans relâche; ce sont les fanons et la graisse qu'ils exportent. Chaque fois que j'ai navigué dans la baie de Korsakov, j'ai aperçu une ou plusieurs baleines nageant non loin du bateau. Un navire japonais venait d'en prendre une lorsque j'arrivai; j'en vis une autre, qui était venue, blessée sans doute, mourir et pourrir non loin de la côte. Les Guiliaks me disaient que ce fait n'était pas rare, et que, sur la côte occidentale de l'île, ils l'avaient constaté plusieurs fois. Ils mangeaient autrefois la viande de la baleine, mais un jour une baleine blessée par un harpon échoua à l'embouchure de la rivière Tyme. Des indigènes Guiliaks qui en mangèrent un morceau moururent pour la plupart, et c'est un péché aujourd'hui que de manger de la viande de baleine.

« C'est un animal, me disait un jour un Guiliak, dont le corps est plein de mauvais esprits, et les mauvais esprits empoisonnent toujours ceux qui les mangent! » Ce sont les indigènes seuls qui chassent le phoque, et il y aurait sur les côtes de Sakhaline un grand nombre de ces animaux marins qu'on pourrait, d'après eux, répartir en six espèces. Ils en tuent beaucoup chaque année, car une partie de leurs vêtements, et surtout de leurs bottes, de leurs lanières et de leurs sacs, est faite avec de la peau de phoque, noire ou grise souvent, mais souvent aussi tachetée.

Les mollusques et les crustacés, très nombreux sur les rochers de l'île, sont à peine inquiétés; les Japonais de passage vont parfois récolter quelques huîtres et prennent au printemps des crabes gigantesques dont la chair est très savoureuse. En revanche, ils exploitent beaucoup de choux de mer qui sont envoyés en Chine, car les Chinois en sont grands amateurs et en offrent souvent sur leur table au grand désespoir de leurs invités européens.

La Russie aurait donc le plus grand intérêt à organiser rationnellement les pêches de Sakhaline, à y provoquer la création d'industries poissonnières, fabriques de conserves et autres; il y a là une source de richesses dont on ne connaît pas encore l'importance. Jusqu'ici, elle s'est trompée sur l'exploitation de Sakhaline : la colonisation pénale lui a coûté plus cher qu'on ne l'a dit, la moralisation des forçats a été nulle. Seuls, depuis longtemps, les Japonais ont su tirer parti et profit de l'île géographiquement japonaise, mais qui est russe aujourd'hui.

CHAPITRE VII

**La faune de l'île. — Les indigènes Orokis et Toungouses. —
Vieux Chien et ses croyances.**

LES industries forestières, les forêts étant abon-
dantes, auraient pu devenir facilement pros-
pères dans les vallées de l'île; grâce aux rivières
flottables, on aurait pu en outre fabriquer de la
résine et du goudron; rien encore n'a été fait, et
dans les forêts ne vivent que des populations très
primitives, qui s'occupent de chasse et de pêche.
La chasse est l'occupation d'une partie des indigènes : parmi les animaux sauvages, ils chassent
surtout l'écureuil ordinaire et l'écureuil strié, puis
le putois, l'hermine, la zibeline, la loutre, le glou-
ton, la martre, le renard; le gros gibier existe
aussi, très nombreux, ours, élan, chevreuil, chèvre
sauvage et cerf musqué; quant aux oiseaux, ce
sont des coqs de bruyère, des gelinottes, des oies
et des canards sauvages, et surtout d'énormes
tétras. Les indigènes prétendent que la chasse

est moins productive que jadis ; elle leur rapporte
pourtant davantage. Autrefois, en effet, ils igno-
raient l'importance des objets qu'on leur donnait
en échange de peaux de grand prix ; ils donnaient
une zibeline à celui qui leur proposait un sabre
sans valeur, et encore aujourd'hui avec de l'eau-
de-vie, des marchands et quelquefois des fonctionnaires font d'excellentes affaires avec les Guiliaks
ou les Oroks.

Dans de telles conditions, il est difficile de dire
ce que la chasse peut rapporter à chacun des
chasseurs, et une statistique de la pêche serait
plus difficile encore à établir. C'est la pêche qui
est la ressource principale de la plupart des sauvages de l'ile. Le poisson est la nourriture des
habitants et même celle des chiens de leur attelage. Malheureusement pour eux, les forçats leur
prennent peu à peu les meilleures places, et pour
cette raison, les rendements de la pêche dans le
centre de l'ile subissent de grandes variations ;
les indigènes prétendent qu'avant l'arrivée des
Russes, ils n'avaient pas connu la disette.

« J'ai dû manger mes chiens, me disait un jour
naïvement l'un d'eux, pendant le précédent hiver,
pour les empêcher de mourir de faim ! »

Les indigènes ne font pas la pêche à la baleine,

mais ils chassent avec ardeur les phoques si nombreux aux embouchures des rivières.

J'ai déjà donné le nom des peuples qui habitent

TYPES D'OROKS.

l'île, et on a pu voir qu'ils étaient peu nombreux :
ce sont des Aïnos, des Guiliaks, des Oroks et des
Toungouses. J'ai étudié spécialement les Aïnos et
les Guiliaks qui sont particulièrement originaux.

La création de la colonie pénitentiaire a été
pour tous les indigènes un grand malheur, car les
forçats ne leur ont apporté que des vices. Tout ce

qui a été fait en leur faveur est dû aux condamnés politiques, qui ont essayé de leur apprendre à cultiver la terre; ceux-ci se sont efforcés de leur inculquer, en vain d'ailleurs, des principes d'une hygiène élémentaire, et pleins de pitié pour leurs misères, ils les ont soignés dans leurs maladies et ils ont vacciné ceux qui ont eu la bravoure de se prêter à pareille opération.

Les Oroks habitent sur la côte orientale et les Toungouses dans la vallée de la Poronaï.

Les Toungouses sont, avec les Oroks, les seuls indigènes de l'île qui se soient tout particulièrement consacrés à l'élevage du renne. Le renne leur fournit une grande partie de leur nourriture, leurs vêtements et une quantité d'objets domestiques. Ils racontent qu'il y eut jadis, parmi eux, des chefs qui possédèrent quelques milliers de rennes, mais il faut sans doute considérer ces récits comme des légendes, faciles à raconter. Le renne est d'ailleurs le seul animal qui puisse vivre dans les toundras de l'île, où la flore est si pauvre en espèces.

Les Toungouses de Sakhaline sont d'une taille moyenne, assez bien bâtis d'ailleurs; la poitrine est large, les muscles forts et apparents, surtout ceux des jambes. Leur nez est semblable au nez

CAMPEMENT TOUNGOUSE.

mongol, large et parfois un peu aplati. Ils ont des lèvres très épaisses et la pomme d'Adam très développée. Comme ils sont des chasseurs très décidés, ils ont, grâce à cet exercice qui leur est quotidien, une grande souplesse dans les mouvements. Si les femmes sont vieilles avant l'âge, les vieillards restent longtemps très verts et supportent sans trop de souffrances et le froid et la faim. Leur langue est très semblable à celles des Oroks, ils se ressemblent d'ailleurs beaucoup; ils ne portent plus la natte, et ont les cheveux coupés assez courts; souvent des pieds à la tête, ils sont habillés en peaux de cerf. L'homme chasse ou pêche, la femme reste à la maison et s'occupe du ménage; les distractions sont les histoires que les vieux racontent au coin du feu; tous fument et même les plus petites filles ont leur pipe dont elles se servent gravement.

Les Toungouses et les Oroks sont les indigènes préférés par les popes à Sakhaline. Les Guiliaks et les Aïnos en effet ont été réfractaires à l'enseignement chrétien, et seuls, les deux premières peuplades sont comptées aujourd'hui comme composées presque exclusivement d'orthodoxes, baptisés, mais non convaincus.

Lorsque j'allais visiter la prison d'Onor, située

sur une petite colline, nous traversâmes un village où je voulus m'arrêter. Le cocher me confia que de vilaines histoires couraient sur le village :

« Ces maisons sont habitées par des brigands qui s'y cachent, » ajouta-t-il.

Nous y entrâmes pourtant et quelques Toungouses qui s'y étaient réfugiés avant nous, se levèrent épouvantés : leur déjeuner était sur le plancher : dans une marmite, un morceau de poisson cuisait en répandant une odeur intolérable, et il y avait à terre une sorte de tablette que je pris pour du bois pourri, et qui était de la viande de renne salée et séchée au soleil.

Mon cocher connaissait l'un des sauvages et l'appela par le sobriquet que lui donnaient ordinairement les Russes :

« Tiens, c'est le Vieux Chien ! »

J'ouvris à mon tour mon sac de provisions. Lorsque mon déjeuner fut prêt, le sauvage me dit :

« Tu n'as donc pas d'eau-de-vie ?

— Je n'en prends jamais : je trouve l'eau-de-vie russe détestable. »

Le sauvage tira une bouteille qu'il avait cachée lorsque j'étais entré ; il pouvait boire hardiment, maintenant qu'il savait que je ne réclamerais pas ma part.

« Voyez le Vieux Chien, dit mon cocher, qui est venu jusqu'ici apporter des peaux de zibelines pour se procurer de l'alcool en échange! »

TYPE D'INDIGÈNE.

C'était la vérité, le Toungouse buvait de l'alcool presque pur, fabriqué frauduleusement par un forçat au fond de la forêt.

Je lui demandai s'il était chrétien.

« Oui, dit-il, le pope est venu me voir, il m'a mis de l'eau sur la tête et du sel dans la bouche ; ensuite il m'a donné un Dieu. »

Ce que le Toungouse appelait un Dieu, c'était l'icône qu'il avait reçue.

« Qu'as-tu fait de ce Dieu ?

— Je l'ai mis dans ma cabane. J'avais très peur qu'il ne se querellât avec mes dieux à moi, mais il a été très bon et est resté tranquille. Tu penses bien que je n'avais pas confiance ; somme toute, c'est le Dieu des popes, le tien, c'est-à-dire le Dieu des forçats ! »

Vieux Chien qui voyait que je ne portais pas d'uniforme était persuadé que j'étais, moi aussi, un condamné.

« Les Toungouses, demandai-je, pensent qu'il y a des Dieux dans le feu, dans l'air et dans les eaux ; où crois-tu que le Dieu du pope habite ? »
Mon interlocuteur eut un grand rire et me montra la bouteille d'eau-de-vie :

« Là-dedans !... Oui, reprit-il, c'est là-dedans qu'il habite, et c'est pourquoi les Russes, forçats, popes et fonctionnaires, boivent si souvent de l'eau-de-vie. Bois-en toi-même une petite bouteille, et tu verras si Dieu aussitôt ne te fera pas chaud dans tout le corps ! »

Je me levai alors, et j'offris le reste de mes provisions au Toungouse qui les accepta sans se faire prier. Il me demanda ensuite de ne jamais dire qu'il était venu acheter à un forçat de l'eau-de-vie de contrebande. Je promis tout ce qu'il voulut.

« Si on me demande si j'ai vu Vieux Chien, lui dis-je, je répondrai que je ne le connais pas.

— C'est bien cela, fit-il, et quant à moi, je dirai aux miens, en rentrant au campement, que j'ai fait aujourd'hui connaissance avec le meilleur de tous les forçats ! »

CHAPITRE VIII.

Chez les Guiliaks. — Un village indigène. — La Maison. —
Vêtements et instruments domestiques. — Cuisine. — Mes
rapports avec les indigènes.

L ES Guiliaks donnent le nom de « Kilé » aux
peuples tongouses. C'est de ce mot qu'on a
tiré le nom de « Guiliak » qui fut écrit jusqu'ici à
tort « Ghiliak »; les savants furent trompés sur la
prononciation de ce dernier mot et crurent que
la lettre « h » indiquait une aspiration, ce qui est
inexact.

Les Guiliaks de Sakhaline quittèrent le continent à une époque difficile à déterminer; ils
appellent aujourd'hui « Iabessé » leurs frères
restés dans le bassin du fleuve Amour et se donnent à eux-mêmes le nom de « Nivoukh ». Il y a
donc aujourd'hui, séparés par le détroit de Tartarie, deux groupes de même race, ayant les
mêmes croyances et les mêmes mœurs; ils se
comprennent facilement entre eux; mais à Sakha-

linc, leur langue diffère légèrement, même d'un village à l'autre. Au point de vue anthropologique, il faut les rapprocher des peuples de race toungouse qui habitent la région de l'Amour; leurs habitations, leurs instruments, leurs coutumes, rappellent en outre ceux des populations primitives de l'Amérique du Nord. Ils se classent eux-mêmes dans ce qu'ils nomment la grande famille des Mandchoux, dont font partie, selon eux, les Chinois et les Japonais. Ils habitent dans l'île de Sakhaline sur les bords du détroit de Tartarie jusqu'à Kousounaï et sur le long de l'océan jusqu'au golfe de Nabel dans la partie septentrionale. Ils ont bâti de nombreuses cabanes dans le bassin de la Tym, et c'est là que je suis allé les étudier. Ils donnent le nom de Tym non seulement à la rivière sur les bords de laquelle ils vivent, mais au pays tout entier.

Ils ont souffert de l'arrivée des forçats ; ceux-ci ont construit, en effet, des villages dans le bassin supérieur de la Tym, ils les ont peu à peu refoulés vers le Nord, et cherchent à leur prendre les meilleures places pour la pêche. Les forçats en ont corrompu quelques-uns et ruiné beaucoup. Les Guiliaks parlent souvent de la terreur qu'ils ont éprouvée lorsqu'ils ont vu pour la première

LA PÊCHE DES GUILIAKS, A OURKOV.

fois des hommes blancs, qu'ils prirent pour des monstres et des sauvages.

Les villages indigènes ont rarement plus de six maisons; lorsqu'on approche de l'un d'eux, on entend tout à coup, dans la forêt silencieuse, des aboiements furieux. Une longue perche, fixée à des poteaux plantés en terre, constitue l'insuffisant chenil auquel les chiens sont attachés avec des licous faits en peau de phoque. Les chiens qui sont libres dans le campement viennent flairer l'étranger avec des intentions visiblement hostiles, et l'imprudent qui se hasarderait tout près du chenil serait dévoré par eux : ils n'ont pas encore pu, en effet, s'accoutumer à l'odeur de la race blanche.

C'est par le nombre de ses chiens qu'on juge de la richesse d'un Guiliak; celui-ci tantôt les emploie à la chasse, tantôt les attelle au traîneau. Le chien de trait est l'animal le plus utile aux populations de la zone des Toundras en Sibérie et à celles de l'île de Sakhaline : il est de taille moyenne; il a des pattes courtes et fortes, le corps trapu, les oreilles droites et pointues, les yeux souvent de couleur différente, bleus, noirs ou verts, blancs parfois. Il est robuste et intelligent, et se contente d'une très petite quantité de nourriture composée

de poisson principalement. Le poil est laineux,
noir ou blanc, gris ou fauve, quelquefois tacheté.
On attelle les chiens au traîneau par nombre
impair; un attelage complet en comprend treize.
Le maître du traîneau est muni d'une longue
perche armée de fer, qu'il appuie fortement à
terre dans les descentes, frein très primitif qui
n'empêche d'ailleurs pas de verser; mais sur les
routes si mauvaises de Sakhaline, où l'été on roule
souvent dans les fossés, verser l'hiver dans une
neige épaisse est considéré presque comme un
plaisir. Le maître ne se sert ni de brides ni de
rênes, il dirige l'équipage de la voix : les chiens
courent furieux et dangereux pour les piétons
qu'ils rencontrent. Ils vont ainsi deux par deux,
le chien de tête sert de conducteur, c'est le plus
intelligent; les autres chiens l'imitent et lui obéis-
sent, et il a subi toujours un dressage spécial.
Tandis que les autres ne valent guère que
20 francs, celui-ci est parfois vendu plus de 200.
Les chiens font facilement de 12 à 15 kilomètres
à l'heure et jusqu'à 80, 100 même, dans une seule
journée.

Une forte odeur de poisson est répandue dans
tout le village, situé toujours au bord d'une rivière;
hommes et bêtes sentent le poisson, qui est leur

UN SÉCHOIR A POISSONS.

principale nourriture. En outre, au bord de l'eau, des poissons de toute espèce pendent, débarrassés de leurs têtes et de leurs arêtes, à de nombreuses perches transversales : ils sèchent au soleil et seront, en hiver, la nourriture préférée des habitants.

Au bruit fait par les chiens, ceux-ci sortent, curieux, de leurs demeures. Le type est laid, mais sympathique; en général, ils ont les yeux bridés, les pommettes saillantes, la tête ronde, le visage plat, les oreilles très grandes, mal ourlées et presque sans lobes; leur peau est d'un jaune brun, leurs yeux sont très foncés, leurs cheveux gros, noirs et luisants. Ils sont petits, peu barbus, ils ont de larges épaules et des jambes courtes; leur bouche énorme rit toujours et d'un bon gros rire d'enfant; très sales, ils ne se lavent jamais, excepté en hiver, aux jours de grand froid, et avec de la graisse de phoque. Une femme qui se lave commet un péché. Il est assez difficile d'ailleurs de distinguer les femmes des hommes non barbus, car ils sont vêtus de costumes semblables; les deux sexes ont tous une raie au milieu du front, mais les hommes portent la natte, tandis que les femmes laissent leurs cheveux en liberté. Celles-ci moins braves que les hommes, s'enfuient

dès qu'on les regarde ou qu'on braque sur elles
un appareil photographique.

Les Guiliaks sont hospitaliers : leur pauvreté

FEMME GUILIAKE, FACE.

même les y oblige, et il leur semble tout naturel,
lorsqu'ils n'ont rien à la maison, d'aller dîner chez
le voisin, qui, aux jours de misère, leur demandera le même service. Pourtant, ils offrent rare-

ment quelque chose à l'étranger, car ils savent
que le Russe méprise leur cuisine; mais ils l'invitent toujours à entrer chez eux, ce qui souvent

FEMME GUILIAKE, PROFIL.

n'est pas facile. Beaucoup de maisons, en effet,
sont bâties sur pilotis, et l'escalier qui y conduit
est un petit tronc d'arbre où ils ont avec la hache
pratiqué des marches grossières; le voyageur se

hisse péniblement, il craint de glisser et de tomber, et il est peu rassuré en sentant le nez des chiens qui lui flairent les mollets. La maison s'appelle le « taf »; elle est faite de bois et d'écorce d'arbres; le « toraf » ou maison d'hiver est une hutte en terre. Sur les toits, sont entassés des paniers et des seaux en écorce de bouleau et des plats en bois remplis d'œufs de saumon; près de la maison, est une petite cabane qui sert de dépôt de poisson, et parfois une cage en bois où tourne silencieusement un ours.

La maison est pleine de fumée qui pique les yeux du voyageur; au bout de quelques instants seulement, l'étranger peut distinguer les objets nombreux pendus au plafond et aux murs ou entassés dans les coins. La porte par laquelle il est entré n'a jamais plus d'un mètre de haut; mais, bien que le toit de la maison soit assez bas, on peut cependant se tenir debout dans la pièce. Un grand foyer plein de cendre, rectangulaire, occupe un bon tiers de la place; de chaque côté de lui, est un étroit passage, puis des planches assez larges qui servent de lit. Les invités s'asseyent à la place d'honneur, c'est-à-dire au fond, en face de la porte, près de laquelle restent les femmes. Il n'y a pas de fenêtres à la maison, et la fumée

qui monte du foyer sort par un trou assez large
pratiqué dans le toit; le vent la rabat quelquefois
dans la pièce, et les malheureux sauvages ont

MAISON GUILIAKE.

tous les yeux malades à force de vivre dans
pareille atmosphère; le feu doit d'ailleurs brûler
été comme hiver, et c'est un gros péché que
de le laisser éteindre. Pour le rallumer, on frotte
deux morceaux de bois, ou l'on prend un briquet, et l'on obtient un feu bien meilleur d'après
les indigènes, que celui que produisent les
allumettes qu'ont inventées, me disait-on, les

Russes, en collaboration peut-être avec le diable.

Les objets que renferme la maison sont des vêtements, des instruments de chasse, de pêche ou de cuisine. Hommes et femmes portent tous un pantalon, une sorte de douillette ou de chemise et des bottes. Les vêtements sont faits d'étoffes ou de peaux; les Guiliaks achètent les premiers aux Russes ou aux Japonais, car ils ne savent pas fabriquer comme les Aïnos des vêtements en fils d'ortie. Les peaux employées pour les chapeaux et les manteaux sont celles de l'ours, du renard, du chien et du renne; leurs bottes sont, en général, faites avec des peaux de pattes de renne ou des peaux de phoque; quant aux peaux de loutres ou de zibelines, ils préfèrent les vendre et acheter avec l'argent qu'ils en tirent, du thé, du sucre, du tabac... et de l'eau-de-vie, quand ils en trouvent. Ils ont, en été, des robes légères en peau de poisson, ornées de dessins étranges bleus et rouges.

Les instruments de chasse et de pêche sont des filets, des harpons, des arcs, des pièges et parfois des fusils : de très vieux fusils, qui, au dire des sorciers, sont beaucoup plus malins que les neufs, et qui savent bien mieux tuer, puisqu'ils servent depuis plus longtemps. Les instru-

ments de ménage sont faits en écorce d'arbres ou
en bois : ce sont des seaux, des corbeilles, des
plats, de grandes louches, des cuillers, des pilons
et des fourchettes pour attiser le feu. Les Guiliaks ont un talent réel pour travailler le bois et
font sur les manches des cuillers des dessins très
originaux. J'ai trouvé chez l'un d'eux un peigne
exposé aujourd'hui dans mes collections au Trocadéro : un garçon d'écurie l'aurait jugé insuffisant pour étriller un âne ; je demandais à un jeune
Guiliak s'il s'en servait :

« Jamais, me dit-il, mais Nioufkouk s'en sert
quelquefois trop longtemps ! »

La créature qui répondait au nom harmonieux
de Nioufkouk était sa fiancée, et je vis que, même
chez les peuples les plus primitifs, les femmes
sont coquettes. Nioufkouk, par exemple, portait
des bagues de fer et d'argent à tous les doigts ;
à ses oreilles pendaient de gros anneaux qui les
déformaient, et supportaient d'autres anneaux
ornés de perles fausses. Sa mère, Pomyk, une
excellente vieille qui dégageait une horrible odeur
de poisson pourri, avait un bracelet semblable aux
anneaux dans lesquels on fait passer des tringles
de rideaux, et une de ses amies, Troulounyk, portait gravement un anneau dans son nez sur lequel

elle allongeait de temps à autre sa grosse langue, rouge et gourmande. L'anneau dans le nez est un luxe rare chez les femmes guiliakes, dont les bagues portées surtout au pouce et au médius, sont les parures préférées.

Dans chaque maison où j'entrais, les hommes venaient bavarder : leur seul travail est la chasse ou la pêche. Revenus au campement, ils s'occupent à réparer leur barque ou leur traîneau; mais tous les autres travaux sont l'apanage de la femme.

« Quand une femme travaille, me disait Nianguine, un des Guiliaks qui me furent le plus utiles, elle ne parle pas, et c'est pour l'homme autant de gagné. »

C'est lui aussi qui me disait un jour :

« La femme est la servante de l'homme, mais les Guiliaks sont bons pour elle, et quand une femme sage, travailleuse, féconde et pas bavarde vient à mourir, nous la pleurons presque autant que si elle avait été un homme! »

Les femmes ont un rôle difficile : elles font tout à la maison, préparent la soupe, donnent la nourriture à l'ours et aux chiens, remaillent les filets, vident les poissons, vont au bois cueillir des herbes et des baies, et fabriquent des vêtements

pour elles, pour leurs enfants et pour leurs maris.
Les femmes sauvages de Sakhaline sont parfois
meilleures ménagères et surtout meilleures cou-
turières que leurs voisines, femmes des forçats
russes.

La cuisine qu'elles préparent et qui cuit dans
les chambres au-dessus du foyer, semble peu
appétissante ; le plat préféré des Guiliaks est une
gelée de graisse de phoque dans laquelle se trouvent quelques framboises et fraises sauvages avec
des petits morceaux de poisson cru. Le « moudjé »,
moelle des os fémurs du cerf, est apprécié même
par les Russes, qui aiment plus encore le « kin-
guetcho ». Ce dernier mets est un pâté de truite
et de keta (sorte de saumon) ; on laisse geler ce
mélange qui devient dur comme du bois, on le
coupe en languettes qui s'enroulent comme des
papillotes ; mangé à la croque au sel, ce pâté,
dit-on, serait un mets délicieux. Mais les pauvres
Guiliaks n'ont pas souvent, sur leur table, des
plats de cette importance. La viande d'ours, elle
aussi, est rare, et l'on ne peut pas tuer un chien
tous les mois ; on mange donc du poisson, et quand
le poisson manque, des racines. Lorsqu'ils prennent un poisson, ils en sucent presque toujours, et
avec une évidente gourmandise, la tête crue.

Les femmes, lorsque je me trouvais dans leurs
maisons, travaillaient comme si je n'étais pas là,
et ma présence ne semblait nullement les gêner.
Elles nettoyaient leurs marmites, remaillaient un
filet, cousaient un habit déchiré, cherchaient les
poux dans la tête de leurs enfants. Près d'elles,
au plafond, pendait le berceau de leur plus jeune
enfant; c'était une sorte de planche en bois travaillé, munie d'encoches à chaque côté; l'enfant
y était ficelé et restait ainsi suspendu pendant le
jour seulement, car la nuit les bébés dorment près
de leur mère, dans des berceaux en bouleau. Pour
endormir l'enfant attaché à la planche, on ne le
berce pas, on le balance. Les femmes allaitent
leurs petits, jusqu'à l'âge de quatre ou cinq ans,
parfois. Lorsqu'elles donnent à téter à un bébé,
les gamins de trois, quatre et même cinq ans, se
battent et se disputent le sein resté libre.

La fumée, l'odeur de la cuisine et des gens,
m'obligaient bien souvent à sortir de la maison,
désireux d'aller respirer un peu d'air pur; je par-
courais le campement, suivi de tous les habitants;
on me montrait les travaux d'hiver dont il y avait
tant de modèles à l'Exposition de 1900, et on me
proposait une promenade en barque. La barque,
qu'ils appellent « tou », est en bois de peuplier,

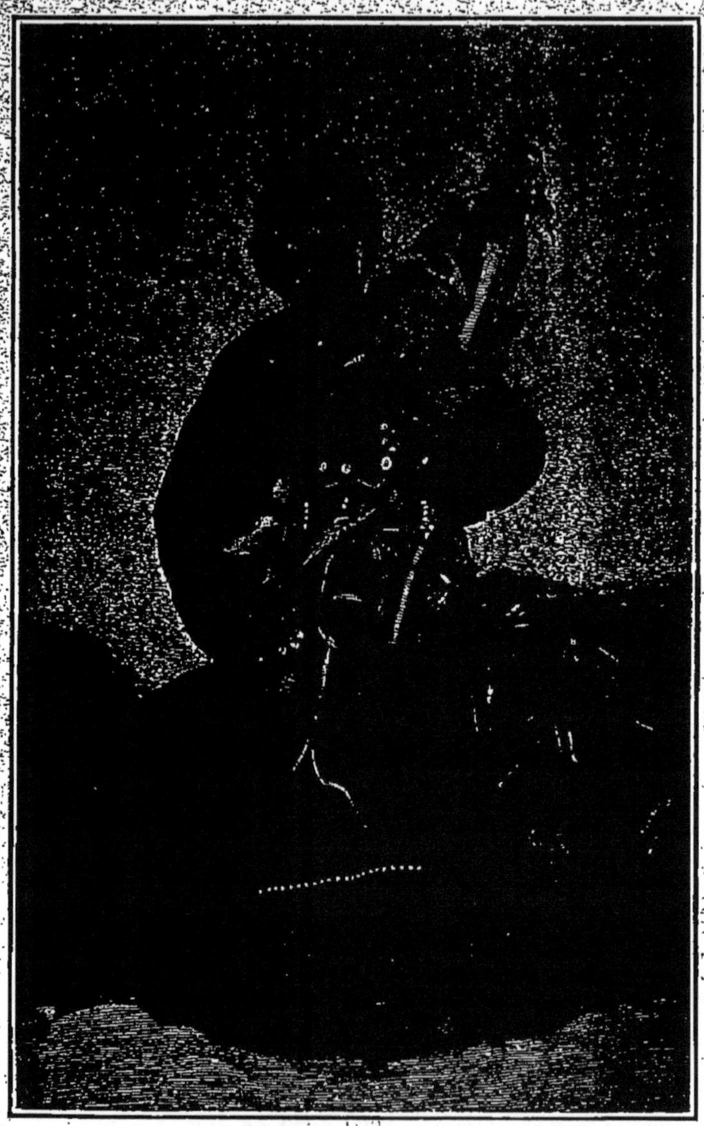

BERCEAU GUILIAK.

les rames sont en mélèze ou en sapin, et la grande
perche en saule. La Tyme est une large rivière
au courant très impétueux; elle présente parfois

BARQUE GUILIAKE.

des rapides peu sensibles, mais dangereux pour
les frêles canots employés par les Guiliaks et qui
ressemblent à des périssoires; le voyageur doit
s'asseoir au milieu, presque toujours au frais, car
il y a de l'eau dans le fond de la barque, le moindre
mouvement, d'ailleurs, fait vaciller la fragile na-

celle. Les Guiliaks se meuvent cependant, et avec
une merveilleuse agilité; celui qui tient la perche
est en avant. Pendant tout mon voyage, l'eau
était grosse et profonde, mes compagnons ramaient
et n'employaient que rarement la perche. J'aimais
pourtant ces excursions sur la rivière; mais la
plupart du temps il fallait revenir à pied au campement, tant il était long et pénible aux rameurs
de remonter le courant; le retour s'effectuait donc
dans des marécages; on devait passer à gué des
ruisseaux, heureux lorsqu'un arbre, tombé sur la
rivière, pouvait servir de pont parfois dangereux.
Les affluents de la Tyme sont tous des torrents,
qui coulent bruyamment sur les cailloux; et c'est
sur leurs bords que les chasseurs viennent sur-
prendre l'ours à son passage.

Je remarquais souvent, dans le campement, des
tas d'herbes sèches que les indigènes mettent en
guise de chaussettes dans leurs bottes, et qu'ils ne
changent pas très souvent. Des enfants jouant
avec les chiens s'y roulaient; d'autres, plus tranquilles, s'amusaient avec des morceaux de bois
grossièrement travaillés et qui représentaient les
différents mammifères et poissons connus par les
Guiliaks, et surtout des ours, des chiens et des
phoques.

C'était une occasion pour moi de compléter la collection d'objets que j'avais commencée ; ils vendaient d'ailleurs volontiers les objets qu'ils pouvaient remplacer ou qu'ils avaient en double. Ils me les offraient contre du thé, du pain ou du tabac. Ils n'avaient, il est vrai, aucune idée du prix à demander ; ils exigeaient pour un objet de fer, un morceau d'étoffe qui était un talisman, le double ou le triple du prix, et ne voulaient pas en démordre ; pour les autres objets, ils disaient au hasard un chiffre et tendaient l'objet dès qu'ils voyaient sortir de ma poche la moindre pièce de monnaie.

Ceux qui vivaient plus près des Russes connaissaient mieux la valeur de l'argent ; ils exigeaient même quelques pièces de bronze pour se laisser photographier. C'étaient d'ailleurs ceux que j'aimais le moins, car les forçats les avaient corrompus.

Toutes nos conversations avaient lieu, moitié en langue guiliake, moitié en langue russe ; ceux qui parlaient cette dernière langue me servaient d'interprètes. Ceux-là avaient, pour la plupart, appris le russe grâce à un exilé politique qui s'occupait d'eux et qui les aimait ; l'un d'eux est même aujourd'hui élève à l'école de Vladivostok : c'est mon

guide Indine, un brave garçon qui voyagea longtemps avec moi. Parmi les meilleurs, qui me
rendirent service et dont les noms reviendront
plusieurs fois sous ma plume, je citerai Sanka,
qui, menuisier habile, me fit des modèles de maisons, de barques, de traîneaux; Nianguine, que
l'on disait sorcier, et qui me racontait des légendes; Ytchi, un vieux bonhomme original;
Tounk, un autre vieux, inépuisable de complaisance; Konaksein, et Samghine, et Lezgeng, et
tant d'autres, auxquels j'ajouterai deux jeunes
gens très intelligents : Bigonaïka, un peu corrompu par les Russes, et Driren, un aimable mauvais sujet, le coq de son village, un véritable don
Juan. Tous les Guiliaks que je viens de citer n'habitaient pas tous le même village, mais quelques-
uns furent tour à tour mes compagnons de route.

Si je pus ainsi commander à Sanka bien des
objets, et acheter aux autres tous les instruments
domestiques, il y a une chose que je ne pus jamais
me procurer : un berceau ayant servi. Celui que
j'ai exposé au musée du Trocadéro est un berceau
neuf; donner un berceau ayant servi, c'est porter
malheur à l'enfant qui y dormit.

Nianguine m'offrit deux instruments de mu-
sique; le premier, le « tinguil » est une sorte de

violon, dont la corde est faite avec des crins de cheval, et un « kongkong », lance de bois mince que l'on met dans sa bouche, et que l'on fait

TYPE GUILIAK : PORTRAIT DU VIEUX TOUNK.

chanter en secouant à petits coups la ficelle qui y est attachée. Depuis l'Oural, les indigènes de Sibérie connaissent presque tous cet instru-

11

ment, dont le nom varie suivant les peuplades.

Il me fut très difficile de décider les Guiliaks à se faire mensurer, mais bientôt ce fut pour eux un véritable jeu de savoir lequel avait le plus gros nez, ou la plus large bouche. Je leur citai des chiffres fantastiques, et fier était celui à qui je disais :

« Toi, tu as une bouche énorme! »

Les observations sur le corps humain furent rares; Indine seul se laissa complètement mensurer, ainsi que son frère.

Par exemple, il est une chose que je ne pus presque jamais obtenir d'eux. Le Muséum d'Histoire naturelle fait, entre autres collections, celle des cheveux des différentes races. Konaksein fut le premier à me permettre de lui couper une mèche de cheveux; il fallait, en général, échanger les cheveux contre des assiettes pleines de soupe, ou des verres remplis de thé.

Quand un Guiliak me vendait quelque chose, il avait une logique d'Extrême-Orient. Je demandais un jour à Tounk de me vendre un petit chien.

« Cela te coûtera un rouble, me répondit-il.

— Mais je veux le mâle et la femelle.

— Alors ce sera trois roubles! »

Je me récriai et j'expliquai à l'indigène que,

je prenais deux bêtes au lieu d'une, il fallait faire
une diminution sur le prix total.

« Ce n'est pourtant pas cher, me répondit Tounk,
un rouble pour le mâle, un rouble pour la femelle
et un pour les petits qu'ils auront plus tard ! »

CHAPITRE IX

**Chez les Guiliaks. — Mœurs et Coutumes. — Dots et Mariages.
Croyances religieuses. — Légendes et Chansons.**

LES villages sont en général habités par les
membres d'une même famille; chaque Guiliak
vient au monde avec tant de pères et tant de
mères, qu'il est assez difficile de se retrouver dans
le système des parentés. Il appelle toujours « ytk »,
c'est-à-dire père, non seulement son père, mais les
frères et les cousins germains de son père, et
« ymk », c'est-à-dire mère, les sœurs et les cou-
sines germaines de sa mère. Tous les enfants de
frères et cousins germains sont considérés comme
frères et sœurs, et sont distingués sous le nom de
« rouer », sorte de mot collectif comme l'est en
allemand le mot « Geschwister ». La famille forme
un clan très fermé, mais le mariage entre parents
n'est pas permis; le père a une très grande auto-
rité sur ses fils, et le frère aîné sur les frères ca-
dets. Les familles sont groupées en tribus, se van-

tant de descendre du même père, et chaque Guiliak sait toujours le nom de sa tribu. Lorsqu'un enfant vient au monde, il reçoit un nom ; il existe un cycle de noms dans chaque tribu, où deux personnes ne peuvent porter le même nom ; si un enfant reçoit un nom déjà porté par un homme encore vivant, l'homme ou l'enfant mourront dans l'année. Lorsqu'un homme meurt, il est défendu de prononcer son nom ; quand vient la fête de l'ours, que l'on immole et envoie comme messager à la divinité, afin d'obtenir du gibier et des poissons en abondance, on bat la peau de l'ours en criant le nom du défunt ; à partir de ce jour, le nom peut être prononcé par tous, et sera donné à un enfant qui naîtra dans la suite. Les noms de garçons sont choisis par le père qui consulte sur cet objet les vieux de la famille ; ils signifient souvent force, courage, bravoure, intelligence, etc. Les noms de femmes ne sont pas pris forcément dans le cycle de la tribu.

J'ai vu telle fille qui s'appelait « incendie », parce qu'il y avait eu le feu le jour de sa naissance, et telle autre qu'on nommait « abondance de poissons », parce qu'elle était née au moment d'une pêche quasi miraculeuse. Les enfants changent de nom quelquefois. Indine s'appelait jadis Orone, il était alors chétif et mal portant. Le père vit en songe son aïeul, qui lui conseilla de changer le nom de l'enfant : celui-ci guérit aussitôt.

Les enfants portent des talismans qu'un étranger peut difficilement se procurer ; les plus petits ont un grelot primitif attaché au cou, afin qu'on les entende s'ils s'éloignent trop du campement. Ils vivent et jouent ensemble, filles ou garçons ; mais lorsque arrive l'époque de la formation, les frères et sœurs ne doivent plus se parler, et s'ils le font, c'est en détournant les yeux. C'est alors qu'on emmène les garçons à la chasse, et que les filles travaillent à la maison. On a vu combien petites sont les maisons, dix personnes y sont mal à l'aise ; il n'est pas rare d'y trouver cependant vingt habitants, composés d'un vieillard, de ses enfants et petits-enfants.

Les Guiliaks aiment beaucoup leurs enfants, ils sont fous surtout de leurs fils ; mais ils apprécient aussi leurs filles, qu'ils ne marieront que contre une dot variant selon leur fortune. Beaucoup d'enfants meurent en bas âge à cause du manque d'hygiène, de la saleté et de la superstition. Quand les Guiliaks venaient me voir, c'était une joie véritable pour eux que de recevoir quelques friandises pour les petits. Il était amusant d'exciter leur indignation en leur proposant, par plaisanterie, de leur acheter l'un d'eux.

Ytchi avait deux femmes, il m'en aurait volontiers vendu une, affirmait-il, mais c'est la jeune qu'il aurait gardée.

« La première était pourtant la mieux, me dit-il, et, pour l'avoir, j'ai payé la dot en donnant trois chiens au beau-père. La seconde est beaucoup moins bien, et, ce qui n'est pas juste, elle m'a coûté plus cher : j'ai donné au beau-père une barque, une lance, une marmite. Il y a dix ans de cela, et je n'ai pas fini de payer la dot. Le beau-père est mort, mais les frères de ma femme m'obligent à leur donner un chien tous les ans! Je suis à l'âge aujourd'hui où l'on apprécie plus un chien qu'une femme! »

La dot que les Guiliaks appellent aujourd'hui, comme les peuples musulmans d'Asie, le « kalym » est en effet constituée en chiens, traîneaux, barques, marmites, etc. Les enfants sont parfois fiancés au berceau, et l'on se marie très jeune; une femme est souvent mère à treize ou quatorze ans, elle est très vite déformée et paraît fort vieille à trente; elle vit moins longtemps que l'homme, et comme elle est constamment dans la fumée, elle perd la vue en vieillissant. Quand le père de la femme est vieux, il prend son gendre avec lui et la dot est payée en jours ou mois de travail; si le père est mort, ce sont les frères de la femme ou le tuteur qui reçoivent le kalym; j'appelle tuteur l'homme qui a recueilli chez lui des orphelins, ce qui est fréquent parmi les Guiliaks. Les fiancés vivent comme mari et femme avant que le kalym ne soit complètement payé. Les parents de la fiancée doivent lui donner une dot selon leurs moyens. Le mot mariage n'est qu'à moitié juste, car il n'y a ni formalités, ni cérémonie; il y a cependant un repas en quittant la maison paternelle, et un autre en entrant sous le toit conjugal. Le mariage se défait aussi facilement qu'il a été conclu; un mari peut renvoyer sa femme et réclamer la reddition de la dot, un père qui trouve sa fille mal nourrie peut la reprendre en rendant l'argent reçu. Les enfants appartiennent alors au père.

On remarque qu'en tout cela le consentement de la femme n'est pas demandé. Le mari exige qu'elle soit douce et travailleuse, bonne cuisinière et couturière expérimentée; elle doit lui donner des enfants et surtout des fils. S'il se marie plusieurs fois, c'est que la première femme vieillit et que ses moyens le lui permettent. Il ne faut pas croire que la femme soit une esclave, on ne la bat pas et les enfants l'honorent comme il sied. Souvent un Guiliak me faisait une promesse que le lendemain il ne tenait pas; il me disait qu'il reprenait sa parole et que la nuit lui avait porté conseil; c'était simplement sa femme qui avait changé ses intentions.

« Aimes-tu ton fiancé? disais-je à la jeune Nioufkouk.

— Comment ne l'aimerais-je pas, puisqu'il a bien voulu me choisir, me répondit la jeune fille! »

Toute la femme guiliake est dans cette réponse, où elle reconnaît d'aussi gentille façon la supériorité de l'homme et surtout le droit du plus fort.

Les femmes mariées se tiennent bien, elles travaillent à la maison, et si elles sont dans la forêt à récolter des baies ou des racines, elles sont accompagnées par un vieillard. Elles ont pourtant aussi leurs faiblesses, si j'en crois mon jeune ami Driren, un Guiliak très intelligent, assez joli garçon et beau parleur, l'effroi des maris et le séducteur de l'île.

« Je ne me suis pas encore marié, me disait-il un jour, à quoi bon choisir mes femmes, quand elles me choisissent toutes. »

L'infidélité d'une femme est admise dans un cas : lorsqu'un frère aîné est en voyage, le cadet a le devoir de consoler sa belle-sœur; il a sur elle pendant cette absence tous les droits du mari ; la réciproque n'est pas vraie, et jamais l'aîné n'a de droits sur la femme du cadet. Ce serait presque là un cas de polyandrie, et si j'en crois les exilés politiques qui ont vécu au milieu des Guiliaks, la polyandrie serait très rare chez eux, mais existerait parfois cependant. Jadis, on aurait vu, dit-on, des maris tuer leurs femmes prises en flagrant délit. Il y a même chez les Guiliaks des suicides d'amoureux malheureux.

Autrefois pour ne pas payer de dot, un Guiliak enlevait une fille dans un village voisin, et un des gars du village frustré rendait à l'ennemi la pareille ; des guerres entre villages, des duels entre particuliers, disent les vieux Guiliaks, vengaient les rapts et les enlèvements ; on se battait en barques sur la rivière. Tout cela a disparu, sauf les duels au bâton dans lesquels les Guiliaks sont passés maîtres, mais qui ne sont plus aujourd'hui que des simulacres de combats. Le vol est peu fréquent chez eux, et le meurtre plus rare encore ; ils ont d'ailleurs du jugement russe une peur affreuse, qui est pour eux mieux qu'un commencement de sagesse.

Le souvenir des guerres entre différentes familles est resté dans les mémoires, et l'on raconte encore à ce sujet bien des légendes. C'était presque un

axiome qu'un meurtre devait être vengé par un
autre. Il n'y avait pas de déclaration de guerre; la
famille dont un membre avait été tué ou gravement offensé, attaquait l'ennemi pendant la nuit.
Les femmes et les enfants n'avaient rien à craindre,
on ne leur faisait jamais de mal.

Quand un Guiliak meurt, on le brûle généralement; il y a cependant des familles qui enterrent
le corps sans le brûler. Chaque famille a son cimetière et tous les amis sont invités à assister à l'incinération. On fait une petite butte à l'endroit où
le corps a été brûlé, et on place une petite boîte en
bois qui contient la tasse, la soucoupe et la pipe
du défunt; une petite poupée en bois est sur le
tombeau des hommes et un ornement quelconque
sur celui des femmes. La moitié des objets appartenant en propre au mort doit être détruite, et la
moitié de ses chiens immolés; plus on brûle de
choses, plus le respect témoigné au mort est
grand. Certains Guiliaks croient que l'âme des
morts passe dans un autre monde où les riches
seront pauvres et où les pauvres deviendront
riches. D'autres assurent, il est vrai, qu'après la
mort tout est fini.

« Nous avons brûlé le corps de notre oncle, me
disait un Guiliak, d'ailleurs assez gaiement.

« — Et son âme, où crois-tu qu'elle soit maintenant? demandai-je.

— Elle est brûlée aussi! » me répondit-il tranquillement.

Le mort ne laisse pas de fortune à proprement parler, puisque la propriété est collective, et que la maison appartient à la famille dans laquelle il y a pourtant un maître qui est presque toujours le vieux. Mais s'il a des objets qui lui sont personnels, ce sont les fils qui en héritent, ou à leur défaut les frères. Les filles même peuvent recevoir quelques objets, et le défunt en mourant a parfois exprimé des désirs toujours respectés dans la suite. Les femmes et les enfants du mort passent à son frère, mais si le fils aîné est déjà homme, c'est à lui qu'il appartient de pourvoir à l'entretien de la famille. S'il ne reste que des filles, la puissance paternelle passe au futur mari de leur mère.

Les maladies sont envoyées par Dieu qui punit par elles les péchés, et les péchés des hommes sont toujours nombreux. Les plus graves sont les suivants : le meurtre, le vol, le fait de laisser éteindre le foyer ou d'y cracher, de faire cuire au feu et non au soleil la graisse de phoque, etc. Les remèdes employés sont très primitifs, on soigne la fièvre

et les maux de tête en s'égratignant le front et
en se pinçant la peau jusqu'au sang; on guérit les
yeux malades en y apposant du bois de merisier
humide; on s'applique sur le ventre de la terre
sans glaise ni cailloux en guise de cataplasme; les
meilleurs remèdes d'ailleurs sont des talismans.
Il existe encore chez les Guiliaks des « chamanes »,
sortes de médecins prêtres-sorciers qu'on appelle
dans les maladies, qu'on craint et qu'on vénère,
car ils peuvent de loin envoyer bien des maux. Ils
ont toutefois perdu le caractère religieux, qu'ils
ont encore dans la région de l'Amour et du Baïkal.
Ils viennent, coiffés d'un inénarrable chapeau,
vêtus de loques, ornés de grelots, de sonnettes,
de rubans où pendent des pattes de bêtes, des
serres d'oiseaux, des objets de fer; ils portent
de grands bâtons ornés de chiffons et de peaux de
bêtes et parfois un tambour et un chapeau couvert
de plumes et de coquillages.

Je désespérais de voir un chamane à Sakhaline,
et Nianguine se défendait d'en être un, bien que
je fusse persuadé du contraire. Tous les Guiliaks
me demandaient des remèdes, et l'un d'eux me
faisait le plus mauvais accueil; je me doutais bien
que c'était un chamane, furieux de trouver en moi
un concurrent. Un jour, un Guiliak s'était blessé

au bras ; je me mis en devoir de lui laver la plaie et de lui faire un pansement antiseptique ; un sorcier survint et m'accusa de vouloir tuer le malade en employant de l'eau pour le soigner. Effrayé, celui-ci se fit panser par le sorcier qui lui mit sur la blessure des herbes et des cheveux, et lui banda le bras avec un torchon sale. Le plus étonnant fut qu'il guérit. Content de son succès, le sorcier devint mon ami, et il me donna même un talisman que je conserve encore : c'est une patte de jeune zibeline, entourée de trois cheveux gris de vieille femme, qui doit me guérir de toute maladie de cœur, et que je tiens à la disposition des lecteurs qui voudraient en faire l'essai.

La seule prière du chamane est courte : « Mon Dieu, s'il vous plaît ! » Il réclame un chien pour payer ses services. Les chamanes disparaissent peu à peu faute de clients, et l'on ne se réunit plus autour d'eux pour prier comme autrefois : les Guiliaks m'ont dit qu'ils ne prient jamais.

Ils croient à Dieu pourtant sans trop savoir ce qu'il peut être.

« Où est Dieu, » demandai-je un jour ?

Et Nianguine de répondre :

« Le Diable peut-être le sait ! »

Ils supposent cependant qu'il habite dans l'espace

et non dans le ciel. Il y a d'ailleurs une foule de petits dieux, de diables et d'esprits qui habitent les eaux et les bois et cherchent presque toujours à faire des farces aux malheureux mortels. Les esprits et les dieux ne s'entendent certes pas toujours entre eux, ils se querellent, et quelques-uns déjà sont morts ou disparus. C'est un péché de faire mourir un dieu, et comme le foyer est quelque peu dieu, c'est un péché que de le laisser éteindre. Le foyer est, pour ainsi dire, le dieu de la famille. Quand celle-ci est trop nombreuse, que la vie devient difficile pour tous, qu'il faut se séparer, l'aïeul donne au plus vieux de ceux qui s'éloignent une partie du foyer. Bien que Sternberg, qui connait si bien les Guiliaks, le nie, je crois qu'il y a des idoles en bois sculpté dans les arbres.

J'ai d'ailleurs passé toute une soirée avec un dieu. J'habitais en effet le plus souvent chez un forçat des environs ; tout le jour, j'étais chez les Guiliaks, le soir ils venaient chez moi ; ils mangeaient tout ce qu'ils pouvaient, puis s'étendaient sur le dos et causaient avec moi en digérant. Deux d'entre eux jouaient avec des cartes grossières et des allumettes servaient d'enjeux. Ils me racontaient leurs misères, leurs démêlés avec les forçats, leurs traditions et leurs légendes. Un jour, le vieil Ytchi me dit qu'il avait un dieu chez lui. La mère d'Ytchi avait mis aux monde deux jumeaux qui ne vécurent pas et le père tailla dans un arbre une idole, représentation divine des défunts.

« Va chercher ton Dieu, dis-je !

— Je ne peux pas, car si j'y touche avec les doigts, je mourrai ? »

Un forçat consentit à aller chercher l'idole. Celle-ci fit bientôt son entrée dans la chambre, Ytchi l'avait entourée d'herbes sèches, et le forçat la portait au bout d'une ficelle. C'était une petite poupée de bois, dont les yeux, la bouche, le nez et le sexe étaient grossièrement indiqués.

« Est-ce qu'il mange, ton Dieu, demandais-je au sauvage.

— Oui ! et de tout, mais de façon imperceptible !

— Est-il bon ?

— Oh non, très méchant.

— Alors, dis-je en riant, ce n'est pas un Dieu, mais un Diable ! »

Et Ytchi me répondit d'un ton convaincu :

« C'est un petit peu un Dieu, et un petit peu un Diable ! »

Dieu pour ces pauvres gens est toujours en effet un être terrible : il est tour à tour le vent qui

souffle et qui fait chavirer leurs barques, l'eau qui
inonde leur campement et emporte leurs instruments et leurs traîneaux, le feu qui brûle leur
maison et les quelques objets qu'elle renferme.

« Tiens, voilà ton Dieu », dit le forçat en ren-
versant d'une claque la petite idole!

Les Guiliaks se levèrent épouvantés. Je chassai
le forçat et, tirant sur la ficelle, je parvins à re-
mettre le Dieu sur ses pieds. Pour le calmer, je fis
des offrandes, je lui offris du riz et du tabac.

« Dieu est bon aujourd'hui, me dit alors Ytchi,
tu vois, il ne s'est pas fâché! »

Dans les légendes qu'ils me racontaient, les
esprits, les diables et les dieux tenaient aussi la
plus grande place, et c'était toujours du mal et non
du bien qu'ils faisaient aux hommes. Les légendes
étaient simples, tristes et monotones comme leur
vie; elles duraient des heures entières, elles prenaient l'enfant au berceau pour le conduire vieillard à la tombe; celui-ci vivait simplement presque
sans aventure, c'était l'existence même d'un Guiliak que les vieux me racontaient; de temps à
autre, quelques détails obscènes qui les faisaient
rire tous aux éclats. Les chiens, les phoques et les
ours surtout étaient les héros ordinaires des fables
et des histoires que les indigènes préféraient;

d'autres animaux terribles étaient décrits, tels que se les représente l'imagination d'un peuple craintif et enfant. Il y a, d'après eux, à Sakhaline une bête malfaisante que l'on entend crier parfois dans la forêt; les Guiliaks se cachent alors et se jettent la figure contre la terre, ils ne continuent leur route que lorsque le silence le permet; le chasseur qui rencontre cette bête, est perdu; elle est plus petite qu'un chien, elle a le poil court de la couleur de la loutre des rivières; elle s'arrête devant le chasseur qui tire aussitôt sur elle; elle se transforme alors et ce n'est plus un seul animal qui menace, mais dix, vingt, cent bêtes qui finalement se précipitent sur le malheureux et le dévorent.

« Si ceux qui l'ont rencontrée ne sont jamais revenus, demandai-je, comment savez-vous qu'elle existe?

— Les vieux nous l'ont dit, et les vieux ne se trompent pas! »

Les Guiliaks improvisent aussi des chansons en marchant dans la forêt; ils disent que le temps est beau, que le poisson est nombreux dans la rivière, que les enfants se portent bien; ils racontent tout ce qu'ils voient et tout ce qu'ils savent de nouveau. Ils chantent l'hôte qu'ils viennent de recevoir, célèbrent sa générosité, vantent le thé et les aliments qu'il leur a offerts. L'amour tient aussi une grande place dans leurs légendes et dans leurs chansons ; quelques-unes sont plus que grivoises, et il y en a beaucoup que je ne saurais reproduire ici. Dans quelques autres, il y a beaucoup de poésie et de sentiment.

Une jeune fille chante : « J'entends la voix de tes chiens, là-bas, au haut du village, ils courent joyeusement. Ah ! mon bien-aimé, j'entends aussi ta voix qui passe par-dessus les peupliers chantants. Tu ne m'as pas oubliée, te voilà, te voilà ! Le traîneau est devant le village. Mon Dieu, mon Dieu ! tu le traverses sans t'y arrêter. Mes larmes tombent en claquant sur mes genoux, une de l'œil droit, puis une de l'œil gauche. Quel chagrin ! je ne puis aller te chercher et te prendre dans la montagne où me guetteront tant de mauvais esprits. Méchant que j'aime tant, que je ne vois plus jamais, que je ne fais qu'entendre quand tu passes, oublieux, devant ma porte ! Un petit oiseau m'a dit un jour en songe : tu t'es donnée à lui, dans la grande forêt, lorsque tu cueillais des sanglantes framboises, il retournera à la maison et ne se souviendra plus jamais de toi. Hélas, je t'aime toujours ! »

Dans ses chansons, le Guiliak se vante d'être

volage; la suivante en est une preuve. L'âme d'une
jeune femme qui vient de mourir chante : « Homme
trompeur et méchant que j'aimais ! Tu m'as dit :

VOMITE, POÈTESSE GUILIAKE.

« Nous souffrons, nous ne pouvons nous aimer
« librement; fuyons dans la nuit de la mort; tuons-
« nous ! » Puis tu m'as dit : « Commence ». J'ai
entendu en expirant les aboiements de tes chiens

qui t'emportaient sur ton traineau. La mort avec toi aurait été douce; étant seule, mon âme a peur et a froid. »

L'idée du suicide poursuit les amants malheureux dans tous les récits que racontent les Guiliaks. Il y a des récits lamentables. Nianguine possédait un répertoire très riche. Il parlait d'une voix sourde, en fumant. Il buvait du thé et avait pour cela une capacité extraordinaire : je lui ai vu boire, en racontant une longue histoire, dix-huit grands verres de thé. Dans les moments palpitants, il poussait de sourds meuglements, et il envoyait sa fumée tristement en l'air : peuh! peuh! Les autres l'écoutaient avec recueillement.

Un jour, il commença une histoire des plus banales, celle d'un Guiliak qui avait épousé une femme accomplie, devenue une mère féconde. Un jour, dans la forêt, ce Guiliak rencontra des esprits qui avaient pris la forme de petits renards. Ils apparaissaient sur la route, et lui barraient le passage quand il voulait revenir à la maison; ils disparaissaient quand le pauvre homme reprenait le chemin de la forêt. C'étaient les serviteurs d'un puissant esprit devenu amoureux de la femme guiliake. Le mari erra ainsi des jours et des nuits. Il put après quelques semaines revenir à la maison.

Un spectacle horrible l'attendait : sa femme et ses enfants avaient été coupés par l'esprit en tout petits morceaux, et ses chiens pendus par la queue aux arbres du rivage ! »

Nianguine s'arrêta alors, sa voix était devenue lamentable ! Il éclata en sanglots :

« Qu'as-tu ? es-tu malade, demandai-je ?

— Non, c'est ce que je raconte qui me fait pleurer moi-même ! »

Le pauvre homme essuya ses yeux avec sa manche et ajouta :

« Une pareille émotion me prend toujours à cet endroit de mon récit ; je raconte souvent cette histoire, mais je ne peux jamais la terminer. »

Et comme moi, mes lecteurs ignoreront toujours la fin de cette épouvantable aventure !

CHAPITRE X

Chez les Aïnos. — Croyances et superstitions. — La maison
aïno. — Le type aïno.

LES Aïnos vivent dans la grande presqu'île méridionale de l'île de Sakhaline, sur les côtes et
sur le bord des rivières. Lorsqu'on suit la route si
mauvaise qui va de Korsakovsk jusqu'à la rivière
Naïba, on trouve, après avoir franchi la ligne de
partage des eaux formée par les monts Tounaï,
qui séparent le bassin de la Soussouïa de celui de
la Naïba, un premier campement aïno, à côté du
village russe de Takoe; ce campement est situé à
63 verstes de Korsakovsk; 13 verstes plus loin
vient, près du village russe de Galkine-Vravski, le
village aïno appelé Séantsi. Le village aïno de
Takoe ne comprend que huit maisons et celui de
Séantsi n'en a que trois. Notons ensuite sur la
Naïba, une série de campements de deux à sept
habitations, chacun d'eux en général à l'embouchure d'une rivière.

Sur la côte occidentale de la presqu'île s'éche-
lonne une autre série de petits villages, parmi lesquels se distingue Estury. A Estury, les Aïnos se
sont mêlés aux Guiliaks, et les demi-sangs nés de
ces unions mixtes présentent presque tous les
mêmes caractères : ils ont le crâne guiliak et le
système pileux aïno.

Les Aïnos se donnent à eux-mêmes le nom
d'Aïno qui dans leur langue signifie « homme », et
l'île de Sakhaline est appelée par eux l'île des
'Aïnos « Aïnomisouri. » C'est à tort que bien des
ethnographes prononcent le mot *Aïno* comme s'il
était écrit *Aïnosse*; l'*s* que j'ajoute lorsque j'écris
le pluriel du mot *Aïno* est simplement le signe
ordinaire de l'orthographe française.

Les Aïnos et les Guiliaks ont un grand nombre
de coutumes communes, qui sont nées des mêmes
nécessités et des mêmes exigences de la vie. Ils
habitent la même île, sont soumis aux mêmes
conditions atmosphériques, sociales et économi-
ques; ils sont, au nord comme au sud, des chasseurs et des pêcheurs. Les Aïnos vivent peut-être
mieux que les Guiliaks, grâce aux Japonais, qui
ont établi des pêcheries non loin de certains villages, et qui les emploient comme ouvriers. Les
Japonais leur ont apporté et vendu des instru-

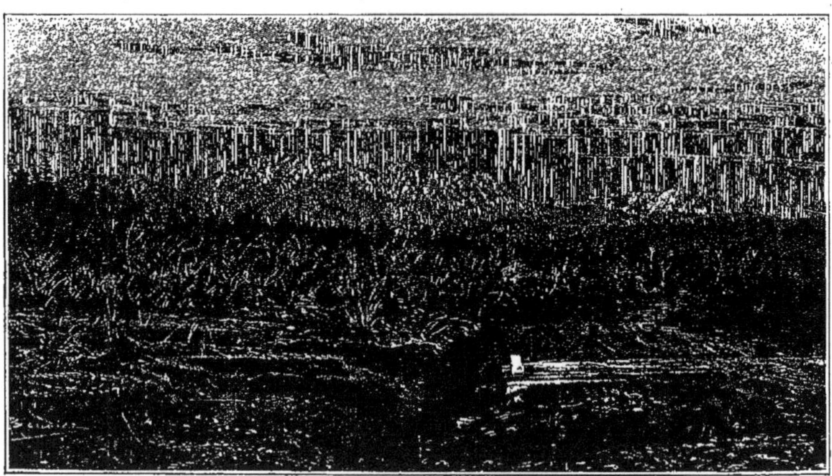

LA MONTAGNE AU PAYS DES AÏNOS.

ments moins primitifs que ceux dont se servaient jadis les indigènes de l'île, et leur ont donné une vague idée du confort, si l'on peut employer ce mot en parlant des Aïnos.

Au premier abord, l'Aïno semble plus arriéré et plus bas dans l'échelle des peuples que le Guiliak lui-même. Il est plus réservé, moins confiant et moins communicatif. Dès qu'un étranger entre dans sa hutte, le Guiliak aime à rire, à plaisanter, à jouer comme un très jeune enfant; l'Aïno parle peu; il reste grave et sérieux. Les conversations que les Aïnos ont eues avec moi, et dont je relaterai quelques fragments, étaient empreintes de mélancolie, et les légendes qu'ils racontaient, le plus souvent pleines de tristesse. Ils sont certainement plus perfectibles que les Guiliaks. Il y a aujourd'hui au Japon, dans l'île de Yéso, des écoles florissantes que fréquentent les Aïnos, et il ne faut pas oublier que beaucoup de Japonais, parmi les plus intelligents de Tokio, sont, bien qu'ils s'en défendent, des descendants d'Aïnos. La population japonaise semble être un mélange de races diverses, parmi lesquelles les Aïnos n'ont pas produit les individus les moins intelligents.

Les savants ne sont pas fixés sur la race à laquelle ils doivent rattacher les Aïnos. Certains voyageurs en font les autochtones des îles de Sakhaline et de Yéso; d'autres les considèrent comme les membres d'une grande famille qui comprendrait, en outre, les peuples primitifs de l'Amérique du Nord; il y en a qui les rapprochent, les uns des Mongols, les autres des Coréens. Le docteur Kirilov, qui a longtemps vécu à Sakhaline, comme médecin officiel du district, et qui a étudié avec le plus grand soin les Aïnos, les fait venir de Polynésie; l'opinion du docteur Kirilov est combattue par M. Bœlz, le médecin si connu de l'empereur du Japon. Le docteur Bœlz a surtout vu les Aïnos du Japon. Il admet que les invasions ont séparé des peuples de même race et rejeté vers l'est les ancêtres des Aïnos; dans une de ses brochures, il rapproche de curieux portraits de Russes et d'Aïnos, et il est évident qu'on est très étonné de voir la ressemblance qui existe entre certains d'entre eux, entre le comte Tolstoï, par exemple, et tel Aïno du Japon. Les mensurations que je faisais sur les Aïnos et sur les forçats venus du sud de la Russie étaient très semblables, et j'attends avec curiosité l'opinion que donnera en les étudiant le savant anthropologue du Muséum, M. le professeur Hamy, à qui elles ont été confiées à mon retour.

On trouve moins d'Aïnos capables de comprendre la langue russe, que de Guiliaks; par contre, quelques-uns parlent le japonais et cinq d'entre eux l'écrivaient même, lors de mon passage dans leur village.

Il y a aujourd'hui un petit dictionnaire russo-aïno, qui ne veut pas dire que les Aïnos aient ou aient eu une langue écrite, bien qu'ils s'en vantent couramment. Un jour, disent-ils, le Dieu japonais vint rendre visite au Dieu aïno : celui-ci pria son confrère à dîner : le repas fut copieux. Que peuvent faire deux Dieux lorsqu'ils se trouvent ensemble? ils se grisent. Le Dieu aïno fatigué, s'endormit bientôt, et le Japonais profita de son sommeil pour lui voler sa grammaire et sa langue écrite. Voilà pourquoi les Japonais savent lire et écrire, tandis que les Aïnos sont restés des ignorants.

Je cite cette légende, car on la retrouve chez tous les indigènes de Sibérie : chez les Guiliaks, c'est le vent qui emporte dans la mer le livre du Dieu endormi.

Ces deux légendes sont évidemment de date assez récente.

Les Aïnos n'ont pas à la vérité un dieu, mais des dieux; toute force de la nature qui les accable sans qu'ils la comprennent devient dieu ou diable, selon le plus ou moins de mal qu'elle leur fait. Dieu vit dans l'espace et non dans le ciel et il est assisté de nombreux petits dieux, sous-dieux et esprits de toute espèce; il y a aussi des diables, toujours malicieux et cruels. Quand on cherche à obtenir à ce sujet une explication, on s'aperçoit qu'ils confondent les dieux et les diables, et que l'un nomme dieu ce que l'autre appelle diable. A mon avis le mot et l'idée de diable sont récents chez les Aïnos, et leur furent donnés par les Russes. Ils croient simplement qu'il existe une quantité innombrable de dieux ou d'esprits, qui sont capricieux, et qui ont les mêmes défauts que les hommes. Ils admettent très bien l'existence du dieu russe enseigné par les popes; ce n'est qu'une nouvelle puissance à ajouter à la liste si longue de leurs divinités.

Les dieux sont très jaloux les uns des autres; non contents de jouer de mauvais tours aux hommes, ils se querellent et se battent, et malheur au pauvre Aïno qui passe au milieu d'eux pendant le combat! Le vent et la pluie sont des ennemis acharnés, ainsi que la mer et le tonnerre, le soleil et la neige, le feu et l'eau. Les esprits du feu même se haïssent entre eux, et s'il y a dans une

même maison deux foyers, il ne faut pas porter
de la cendre ou de la braise de l'un dans l'autre,
car la guerre s'élèverait entre eux. Quand deux
dieux se battent, l'un parfois tue l'autre ; les Aïnos
le croient fermement. Il est interdit aussi de porter du feu du foyer hors de la maison. Enfin, hiver
comme été, le feu doit brûler dans le foyer sans
s'éteindre, car le feu qui s'éteint est un dieu qui
meurt. Quand ils s'endorment ou quand ils s'ab-
sentent, les Aïnos couvrent le feu de cendres, afin
de trouver le lendemain ou à leur retour quelques
braises rouges encore. Si le feu est éteint, on ne
peut le rallumer qu'à l'aide du briquet ; les allumettes ne peuvent guère servir que pour la pipe.

Laisser tomber dans l'eau un tison, une allu-
mette ou même une simple cigarette, est un péché ;
car le feu est vaincu par l'eau : un esprit de l'eau
tue un esprit du feu. Le temps n'est pas encore
loin où l'on faisait du feu en frottant deux morceaux de bois l'un contre l'autre. Deux hommes
tenaient horizontalement un morceau de bois, dont
le milieu reposait sur un autre, perpendiculairement placé, une extrémité en terre. Deux autres
hommes prenaient des lanières attachées au second
morceau, qu'ils faisaient vivement pivoter sur lui-
même de droite à gauche, puis de gauche à droite,

et ainsi de suite, tandis que leurs compagnons appuyaient de toutes leurs forces sur le premier.. Le frottement produisait d'abord beaucoup de fumée, puis du feu. Les deux morceaux de bois étaient respectés, et participaient en quelque sorte à la divinité.

Les Aïnos sont si terrifiés par les dieux, qu'ils pensent à eux à tout instant : quand ils mangent, quand ils boivent, quand ils fument, ils font toujours quelque offrande. Ils en font parfois en se couchant, et s'ils voyagent, ils trouvent, sur la route, des endroits où vivent des esprits avides de présents; il y a aussi des pierres sacrées, qu'il faut particulièrement vénérer.

Ils offrent enfin à leurs dieux ce qu'ils appellent des « inaos » : ce sont des morceaux de bois terminés en copeaux, fixés souvent à de très longues perches. A chaque circonstance importante de la vie, ils dressent les inaos : il y en a de tous les côtés de la maison, on en pare la cage de l'ours, on en élève dans la plaine au bout de grandes perches plantées en terre; il y en a à la barque et au traîneau. Les inaos jouent un peu le rôle des cierges de la religion chrétienne, mais il faut voir surtout en eux un reste du culte chamaniste et un souvenir des sacrifices humains. Le haut de l'inao

est la grossière image d'une tête à forte chevelure,
et le bâton représente le corps ; il y en a même qui
montrent un sexe grossièrement façonné. Ces der-

INAOS OU OFFRANDES ÉLEVÉES EN L'HONNEUR DES DIEUX
PAR LES AÏNOS.

niers se placent en général sur des tombeaux.

Puisque j'ai parlé du chamanisme, je dois faire
observer que les sorciers-prêtres, les chamanes, ont
presque disparu chez les Aïnos, et qu'il n'y a pas
chez eux de femmes chamanes. Un Russe de Sakhaline, qui connaissait très bien le pays et les Aïnos,
m'a dit qu'on ne trouve guère aujourd'hui que

trois ou quatre chamanes parmi les Aïnos. Comme
les maladies sont des châtiments envoyés par les
dieux et quelquefois même des méchancetés gra-
tuitement faites par eux, le chamane vient au
secours des malades. Il n'est au fond qu'un char-
latan.

Ce sont parfois les anecdotes qui peignent le
mieux le caractère des peuples; en voici une qui
me paraît typique. Poutka, un de mes compagnons, était un grand Aïno, assez jovial, d'une
complaisance sans limites. Il portait une longue
barbe noire, et sous ses vêtements déchirés, il
avait l'air d'un vrai brigand; il était aussi doux
qu'il paraissait terrible. Il venait souvent me voir
avec un Aïno plus âgé, qui se nommait Otaka et qui
était le plus intelligent de la région. Otaka me
disait des légendes tristes d'une voix mélanco-
lique; il parlait très bien le russe. Il m'expliquait
les croyances populaires.

« Le pope russe veut, disait-il, me convertir à sa
religion, et il n'est que le prêtre d'un faux dieu.
Il nous dépeint son dieu comme bon, comme toujours prêt à protéger les hommes et à leur pardon-
ner. Un dieu si bon ne peut exister, et s'il existe,
il est bien inutile qu'on le prie, puisqu'il ne peut
pas faire le mal. Les esprits sont méchants, et ils

s'amusent à nous voir souffrir. Souvent un pauvre petit rat sort de son trou près du campement, nos chiens courent à lui aussitôt; ils sautent, ils aboient, et le font trembler par ce bruit pour lui formidable; ils lui barrent le chemin qui le conduirait à sa tanière, ils le saisissent, jouent avec lui, et le font souffrir bien longtemps. Vois-tu, les esprits et les dieux sont pareils à des chiens, et le pauvre petit rat, c'est le malheureux Aïno qu'ils torturent à leur fantaisie! »

Je demandai à Otaka s'il croyait qu'on pût attendrir, en priant, les dieux et les esprits.

« Non, je ne le crois pas, répondit-il. Quand la neige tombe ou quand la mer est furieuse, l'Aïno perdu dans la forêt ou ballotté dans sa barque, pleure et prie quelquefois; mais la neige continue à tomber et la tempête est parfois plus forte. Les dieux épargnent seulement les hommes qui leur font souvent des offrandes et leur donnent à boire et à manger. Une prière pour eux ne signifie rien! »

C'est le même Otaka qui me disait un jour :

« Le pope m'a raconté que nous avons une âme, et que cette âme plus tard habitera avec Dieu. Je ne crois pas cela. Si les morts vivaient dans un autre monde, ils s'occuperaient encore de nous.

J'ai eu un fils qui est mort jeune et un père qui
vécut très longtemps; je pense souvent à eux, je
me rappelle leurs paroles; s'ils étaient aujourd'hui
avec Dieu, ils me l'auraient fait sentir; ils me
l'auraient fait savoir; car ils m'aimaient trop pour
me laisser inconsolable et pour me voir pleurer si
longtemps.

— Il y a un proverbe dans mon pays, dis-je à
Otaka, qui prétend que lorsqu'on est mort, c'est
pour longtemps.

— Ton proverbe est un menteur, répartit Otaka,
quand on est mort, c'est pour toujours. »

Comme la plupart des autres Aïnos, Poutka, au
contraire, croyait à la métempsychose; d'après ce
qu'il m'expliquait, l'âme de l'homme qui vit honnêtement habitera plus tard le corps d'un animal
d'ordre supérieur, c'est-à-dire qu'il deviendra
phoque ou chien, ours peut-être.

Otaka me fit assister à une scène originale, qui
eut lieu vers le soir, et dont je fus le témoin secret. Des Aïnos d'un village voisin avaient été sur
mer par un gros temps, et leur barque, emportée
par un courant sans doute, se brisa contre un
écueil, ou du moins ce fut ce qu'on se figura
quand, quelques jours après, la mer en rejeta les
épaves sur le rivage. Les gens du village atten-

dirent quelques jours encore, et l'un d'eux découvrit, à la marée descendante, deux cadavres presque méconnaissables. On apporta alors devant la mer ce qui avait appartenu aux défunts, et on décida de donner aux dieux des eaux, les objets les plus importants, les lances et les sabres. Quelques hommes s'en saisirent et les brisèrent, puis ils coururent en criant vers la mer; ils agitaient en leurs mains les tronçons de sabres et de lances, et les frappaient les uns contre les autres; ils entrèrent dans la mer et y jetèrent tour à tour les débris qu'ils tenaient. Les spectateurs étaient nombreux, mais les femmes n'assistaient pas à la cérémonie. Les Aïnos poussaient des sanglots et des cris perçants; ils revinrent enfin silencieusement à la maison; la nuit était déjà profonde, et les chiens du campement, épouvantés par le bruit inaccoutumé qu'ils avaient entendu, aboyaient longuement et lugubrement dans les ténèbres.

Il ne faudrait pas croire qu'Otaka eût l'esprit préoccupé par les grands problèmes de la vie; loin de là; ce n'était qu'un brave homme, doux et intelligent, qui se sentait tout petit et très faible devant les dangers trop fréquents, de la mer et de la forêt. Il me disait ses souffrances avec mélancolie, mais sans amertume; l'existence, dure pour lui, l'était aussi pour tous les autres, et comme eux, il était résigné à son sort. A quoi bon lutter? Aux pauvres gens tout est peine et misère!

Il trouvait aussi que la vie avait des joies nombreuses; il était le plus souvent en proie à un vague effroi; mais comme il semblait, sinon heureux, du moins content, quand, dans sa maison, il jouait avec ses enfants! Il leur faisait avec son couteau des jouets bizarres, ayant toujours son bon sourire grave et ses yeux si rêveurs. Sa maison était la plus propre et la plus vaste du campement.

Comme chez les Guiliaks, autour des maisons sont des dépôts de poissons, installés sur pilotis, une cage pour l'ours, et une longue perche horizontale à laquelle sont attachés les chiens. Plusieurs familles habitent souvent sous le même toit; trente personnes vivent parfois ensemble, et tel campement, qui ne comprend que trois huttes de bois, a pourtant quatre-vingts habitants. Il y a souvent plusieurs propriétaires et toujours un maître. Chez Otaka, chez Bigoumka, un autre Aïno, riche et intelligent, il y avait même des serviteurs, que leurs maîtres habillaient, nourrissaient et mariaient.

La maison aïno est toujours plus grande que la

maison guiliake. On y entre par une sorte de hutte, formant tambour; la pièce comprend souvent deux foyers, et j'ai vu des fenêtres dans deux ou trois endroits. Les foyers sont au ras du sol, et non surélevés, comme chez les Guiliaks. Outré les vêtements en peaux de bêtes, et les objets en bois ou en écorce, les Aïnos ont des vêtements en fils d'orties, qu'ils tissent eux-mêmes, et des pots et des marmites que leur ont vendus les pêcheurs japonais. Au fond, en face de la porte, est la place de l'hôte vénéré, et à gauche de l'entrée, sur des planches, ou le long du foyer, est celle du maître de la maison. Ils vendent, eux aussi, volontiers, les objets qu'un étranger désire, et celui-ci obtient tout plus facilement, s'il veut bien offrir de l'eau-de-vie à toute la maisonnée. Le tabac a aussi le plus grand succès; les femmes, et même de tout petits enfants, fument avec joie leurs longues pipes. Personnellement, j'offrais de l'argent, du tabac, du riz, du pain, mais jamais d'eau-de-vie, bien que toujours on m'en eût demandé.

Ils refusaient de vendre les objets qui avaient un caractère religieux, mais offraient toujours d'en fabriquer de semblables à mon intention. Ils m'invitaient quelquefois à leur dîner, que je contemplais plus que je ne le partageais. Ils mangent la tête et la queue de saumons crus, et crus aussi, des harengs; ils ne salent jamais le poisson, si ce n'est avec de l'eau de mer. Le hareng se mange en général avec le chou de mer, qui est vivement préparé, arrosé seulement d'eau très chaude, et dont l'odeur est insupportable, même à un nez peu délicat.

Les Aïnos se laissent mensurer assez facilement la tête, sinon le corps. Ils me disaient toujours que c'est un péché que de montrer son corps; et pourtant, quand le soir j'entrais dans les huttes je voyais presque toujours les maris et les femmes, couchés autour du foyer et nus sous la même peau ou la même couverture. Je dois à la vérité de déclarer que le corps de la femme aïno, de Sakhaline, ne tenterait que rarement le pinceau ou le ciseau d'un artiste.

Les Aïnos sont de taille moyenne, grands même quelquefois; ils ont de grandes mains et de grands pieds. La tête paraît toujours longue, à cause de la barbe qu'ils portent; mais, chez les types sans barbe, on la trouve plutôt ronde. Sur tout le visage est une expression de mélancolie et presque de crainte. Le front est semblable à celui des Européens. Les oreilles sont grandes, le lobe qui n'existe guère chez les Guiliaks est peu apparent; le nez

est semblable à celui de la race blanche, et très
différent du nez aquilin des Mongols ; la bouche
grossière, large, est dessinée de façon rudimen-

TYPE AÏNO.

taire. Les yeux, d'un brun très foncé, sont tout à
fait horizontaux ; ceux des enfants sont ronds, jusqu'à un certain âge ; les cils qui les abritent, ne
sont pas plantés à la mongole ; les sourcils épais

rappellent ceux des petits russiens. En un mot,
par leurs pommettes saillantes seulement, le type
aïno pourrait être rangé parmi les Mongols.

Le système pileux est très développé chez les
Aïnos ; ils ont en général une barbe noire, très
touffue, qui leur cache la bouche ; les joues disparaissent sous les poils, dont quelques-uns sortent
des oreilles et du nez. J'ai constaté que si les
jambes et les bras étaient velus, le corps l'était
moins que je ne m'y attendais. Avec leurs grandes
barbes et leurs longs cheveux, ils ressemblent
souvent à des popes, et plus d'un Russe à qui je
montrai, sans leur en dire l'origine, des photographies d'Aïnos, ont cru y retrouver des compa-
triotes.

Lorsqu'on aperçoit de loin les femmes, qui sont
notablement plus petites que les hommes, on
hésite sur leur sexe, car elles semblent porter de
formidables moustaches ; au moment du mariage,
elles se tatouent la lèvre supérieure, et elles y
tracent une large bande bleue qui se relève en
crocs sur le visage. L'opération a des suites désa-
gréables, car le visage de la femme enfle de dis-
gracieuse façon. Leur nez est quelquefois très
amusant et ressemble à une petite boule de graisse,
perdue entre deux joues rebondies. Elles ne sont

pas toujours laides ; il y en a même de très gen-
tilles ; on peut le constater par les photographies.
Elles portent souvent de volumineuses ceintures,
faites de gros anneaux, dans lesquels passent des
anneaux plus petits. Les robes des enfants sont
ornées d'anneaux, de boutons en métal, et dans le
dos, de perles de couleur et de talismans.

Chez les Aïnos. — Mœurs et Coutumes. — Le Mariage. — La Maternité. — Occupations des indigènes. — Cérémonies funèbres.

ON a vu combien peu j'ai parlé des vêtements, de la cuisine, de la maison et du campement des Aïnos; c'est que je veux raconter ici les coutumes spéciales à ces indigènes, tandis qu'il suffit de noter d'un mot des mœurs, des habitudes et des objets qui sont décrits déjà dans le chapitre consacré aux Guiliaks.

J'eus souvent l'occasion de photographier des enfants aïnos; les plus grands posaient gaiement et sans se faire prier, montrant, dans un bon gros rire, leurs dents blanches comme du lait. Les petits étaient plus méfiants.

Les Aïnos adorent leurs enfants et les gâtent beaucoup; ceux-ci poussent en liberté dans le campement. Que de fois, lorsque je donnais des bonbons aux Aïnos, j'ai vu les gamins accourir! l'indigène cassait les friandises entre ses dents et

les partageait en donnant la becquée à chaque
enfant. Il y en avait parmi eux de tout petits, qui
se traînaient avec peine encore, et qui me sui-

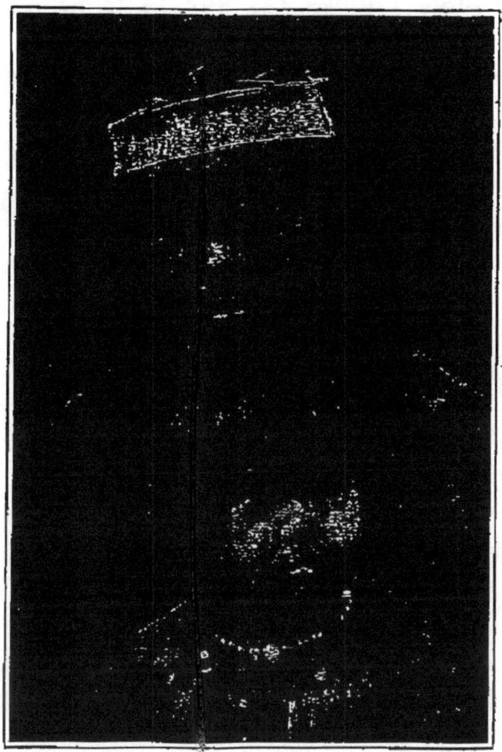

UN ENFANT AÏNO.

vaient avidement en ouvrant une bouche gourmande.

Dès le plus jeune âge, on reconnaît à la coiffure
les filles et les garçons; les filles gardent toujours

les cheveux comme les leur a donnés la nature,
tandis que les garçons les portent très longs par
derrière, mais coupés ras sur le front, coiffure

LES GAMINS D'UN VILLAGE AÏNO.

qu'ils garderont d'ailleurs toute leur vie. Un petit
triangle en étoffe ornée de perles blanches et
bleues, leur pend sur le front; c'est une sorte
d'amulette, que les parents refusent toujours de

vendre. Les enfants, quoique sales, sont habillés
avec un soin relatif.

Les pères emmènent leurs fils encore très jeunes
à la chasse et à la pêche; on leur montre les travaux qu'ils devront faire plus tard à leur tour; les
petites filles, de leur côté, regardent leurs mères
qui travaillent à la maison. Il est presque impossible de connaître l'âge des enfants; les Aïnos et
les Guiliaks ne savent jamais leur âge. Un vieillard
répond toujours qu'il est très vieux et qu'il n'a
jamais pensé à compter chacune de ses années.

La puberté ne vient pas très tôt chez les Aïnos;
mais dès qu'elle apparaît, les enfants pensent au
mariage; un garçon peut se marier à treize ans,
et une fille à douze; c'est après le mariage que
cette dernière commence à se tatouer la lèvre
supérieure. Les parents fiancent leurs enfants,
parfois au berceau et sans les consulter; on ne
demande pas, en principe, l'avis des mères, bien
qu'elles aient souvent une grande influence sur
les décisions que prendront leurs maris.

Lorsque chez les Aïnos, un jeune homme désire
se marier, il s'en va à la chasse, et traverse quelques villages; si, dans l'un d'eux, il trouve la fille
qui lui plaît, il s'inquiète aussitôt de la dot qui
sera exigée, et le mariage est bientôt décidé. La

jeune fille n'est pas consultée, la gloire d'avoir
été choisie doit suffire à son ambition. Il n'y a
aucune cérémonie à l'occasion du mariage : la dot

est payée par les
parents du jeune
homme. Pour cer-
tains, elle se com-
pose de quatre ou
cinq chiens, pour
d'autres, d'une di-
zaine de zibelines;
elle comprend par-
fois une barque ou
un traîneau. Sou-
vent aussi, le jeu-
ne homme travail-
le un temps fixé
chez son futur
beau-père. On peut
dire que, dès son
entrée chez celui-
ci, il a les droits de

JEUNE FILLE AÏNO.

l'époux et qu'il en use. Si le beau-père n'a pas de
fils, il garde toujours le jeune ménage avec lui;
autrement le mari emmène sa femme, lorsque la
dot est payée, chez son père, chez son frère aîné,

ou bien encore dans une maison neuve, spécialement construite par lui.

Dans un ménage sur six, à peu près, la femme
est plus âgée que son mari; il y a même parfois
dix ans, vingt ans de différence. Quelquefois, en
effet, le frère aîné meurt, laissant une veuve et un
frère cadet; celui-ci épouse alors la femme de son
frère, ce qui est pour lui une économie, car cette
femme appartenant déjà à sa famille, il n'a pas de
dot à verser. Avec des unions si mal assorties, il
est fréquent que la femme ne puisse pas longtemps
suffire au travail de la maison : une femme chez
les Aïnos est vieille à trente-cinq ans; elle est déjà
déformée par la maternité et accablée par des travaux trop rudes. Le mari épouse alors une seconde
femme, et il la prend la plus jeune possible pour
qu'elle travaille plus longtemps. La première
femme reste, en général, la vraie maîtresse de
maison; chaque femme vit dans une hutte spéciale, mais les enfants des deux lits ont des droits
égaux. Les Aïnos assez riches pour se payer le
luxe de deux femmes jeunes, le font avec joie :
celles-ci vivent ensemble sans jalousie, et dans ce
cas, me disait un Aïno avec mépris, elles n'ont pas
plus de valeur l'une que l'autre.

Le docteur Kirilov a trouvé plusieurs cas de

polyandrie : il a vu onze hommes qui vivaient avec
cinq femmes, et une autre fois, une femme de plus
de trente ans, qui habitait avec deux hommes, l'un

âgé de vingt-cinq ans, et l'autre n'en ayant que
treize. Je suis entré dans une maison où trois
frères vivaient avec une seule femme; j'ignorais
ce détail et je demandai à l'un d'eux, en montrant
un gamin qui jouait dans le sable devant la porte :

« C'est ton fils?

— Non, répondit-il, c'est le nôtre à tous les trois !... »

Il y a aussi de malheureuses filles, très pauvres, qui vont servir dans les huttes voisines; leur vertu court grand risque pendant un tel voyage; quelquefois pourtant, elles trouvent un mari dans l'une d'elles; enfin, il y a des Aïnos qui recueillent chez eux une orpheline qu'ils élèvent, et qui devient souvent la concubine du père ou du fils de la maison, des deux même parfois. La femme légitime ne dit rien et doit fermer les yeux sur les infidélités de son mari qui ne lui rend pas toujours la pareille; la femme, en effet, qui trompe son mari peut être chassée par lui. Quant à son complice, il est jugé par les vieux du village qui le condamnent à des dommages-intérêts; l'amende est payée en chiens; mais si le condamné est trop pauvre, il entre comme domestique chez celui qu'il a offensé. Un vieux garçon n'a pas le droit d'être au nombre des juges; car, me disait Poutka, un vieux garçon est un être profondément méprisable.

Il est vrai que le mari pourrait chasser sa femme et divorcer, mais il ne le fait que rarement, dans ce cas en effet, le beau-père ne rend pas la dot, et le mari perd alors et la femme et l'argent.

Les femmes Aïnos ne sont pas très fécondes,

parce qu'elles nourrissent beaucoup trop longtemps leurs enfants, presque toujours trois ans;
elles ont de trois à cinq enfants. Quand une
femme est grosse, chacun la respecte et l'honore;
lorsqu'elle sent les premières douleurs, tous les
hommes doivent quitter la maison, elle-même va
souvent dans une petite cabane qu'on a construite pour elle à l'écart. Les femmes lui prêtent
toujours assistance; on croit que l'accouchement
est plus ou moins pénible, selon les péchés qu'elle
a commis. Le mari, cependant, entre dans une
maison voisine de la sienne, et il se couche sans
mot dire auprès du foyer, il reste ainsi sans bouger et silencieux, jusqu'au moment où il apprend
la naissance de l'enfant. Il lui est alors permis de
boire un peu d'eau et de manger du poisson; mais
il n'ose pas encore parler, il lui est défendu de
boire de l'eau-de-vie, il doit éviter tout péché, car
c'est le moment où une partie de son âme passe
dans le corps de son enfant. Ses amis l'invitent à
sortir, lui offrent d'aller chasser avec eux : il faut
qu'il refuse leur invitation, et pendant six jours, il
reste couché; le septième jour, tout lui est permis,
il rentre alors dans sa maison, va voir sa femme
et le nouveau-né, reprend ses travaux et sa vie
habituelle.

Il est toujours très rare de voir un mari assister à l'accouchement de sa femme. Celle-ci, de son côté, ne peut regarder son bébé que deux heures au moins après sa naissance. Pendant deux jours, elle ne peut manger que du riz, et l'eau lui est interdite; le troisième jour, le régime est déjà moins sévère et elle peut manger tout ce qui lui plaît; mais elle ne saurait toucher au foyer, les esprits du feu s'en fâcheraient, car elle est encore impure et souillée; le sixième jour, elle prépare un peu de nourriture avec de l'eau qu'elle va chercher elle-même, et le septième elle reprend ses occupations journalières.

J'ai assisté au premier lavage d'un enfant nouveau-né : une femme l'avait couché dans de l'herbe, sur ses genoux, elle prenait de l'eau dans sa bouche et elle la crachait vivement sur le corps du bébé en le râclant avec un copeau mou. On m'a assuré que parfois le lavage est plus complet, et que, dans certains villages, on se sert l'hiver d'eau glacée. De toute façon le premier lavage de l'enfant est souvent aussi le dernier de son existence.

La femme reprend donc son travail au bout de sept jours. Son rôle dans la maison est important : elle doit surveiller et élever les enfants, faire le ménage, soigner les bêtes et les gens, coudre les vêtements, nettoyer les fourrures rapportées de la chasse, fabriquer les robes et les bottes en peau de poisson, cueillir des baies et des racines, et les préparer pour l'hiver, aller chercher des orties, les nettoyer, les tisser, en faire de l'étoffe, et je suis sûr que j'oublie encore de noter ici quelques-uns de ses travaux.

L'homme, lorsqu'il est au campement, fait des instruments de pêche et de chasse, fabrique des pièges à loutres et à zibelines, répare la barque et le traîneau. Il quitte souvent le village. Tantôt il va rendre visite à des amis : on peut dire que tous les Aïnos se connaissent et lorsque l'un d'eux en rencontre un autre, il demande toujours :

« Comment se porte-t-on dans ton village? »

La pêche occupe beaucoup les Aïnos. La rigueur du climat les oblige, en effet, pendant l'été, à prendre et mettre en réserve des poissons pour tout l'hiver. Ils se lèvent parfois avant le soleil, font glisser silencieusement leurs barques longues et étroites sur la rivière, et ils regardent ce que fait le poisson : si celui-ci est au fond de l'eau, ils le harponnent et le jettent sur la paille qui remplit le fond du canot. Au mois d'août, passent des bancs de poissons en rangs si serrés qu'on peut les prendre à la main ; le plus souvent, les pêcheurs se servent de longs filets.

Les chefs des pêcheries japonaises les engagent parfois comme ouvriers, par exemple dans les pêcheries dirigées par M. Damby et par M. Biritch ; ils font bien leur travail, mais ils sont insouciants du lendemain, et, dès qu'ils ont gagné une petite somme, ils n'ont plus envie de travailler ; ils ne s'aperçoivent qu'un morceau de pain est le dernier de la maison qu'après l'avoir mangé. Il y en a pourtant qui fournissent, dit-on, à l'industrie, 4 000 à 5 000 francs de poissons par an.

Ils pratiquent la chasse, soit le long des rivières, où ils harponnent les phoques, soit dans la forêt, où ils tuent des animaux à fourrures ; les uns ont des arcs et quelques autres des fusils. La moyenne de la chasse d'automne est, par chasseur, de six à dix zibelines, cinq écureuils et une ou deux loutres. Dans certains villages du nord, les Aïnos louaient jadis la chasse aux Guiliaks qui venaient du nord au sud en descendant la rivière Poronaï.

Lorsqu'il devient vieux, l'Aïno est respecté : il reste à la maison, et c'est lui qui, l'hiver, raconte les histoires et les légendes qu'il a lui-même entendues pendant sa jeunesse. Il dit les guerres

soutenues jadis contre les Japonais et les luttes
terribles des villages ennemis. Il répète des histoires ou des chansons mélancoliques et tristes,
dans lesquelles arrivent les aventures les plus
épouvantables aux chasseurs et aux pêcheurs, et
où les acteurs principaux sont l'ours, le phoque
ou des bêtes fantastiques. On écoute ces légendes
avec intérêt, et aussi avec respect, car les vieux,
même les plus arriérés, sont supérieurs aux jeunes :
ils ont vu et ils ont vécu. Lorsqu'un vieux meurt,
le désespoir du village est infini, ils le pleurent
avec des sanglots intarissables ; ils ont très peur
de la mort et il n'est pas rare de voir un Aïno
sangloter sur la tombe d'un homme qu'il ne connaissait pas.

Les maladies dont sont affligés les Aïnos, et qui
souvent les emportent, viennent du manque d'hygiène et de la saleté ; les maladies de peau sont
fréquentes, et doivent être attribuées, sans doute,
à l'abus qu'ils font des plats de poisson pourri ;
les poumons sont parfois malades, la tuberculose
existe, mais est cependant plus rare qu'on pourrait le croire. La variole est l'ennemie la plus
redoutable ; sur les bords de la Naïba, plus de
cent Aïnos moururent en 1894 de cette maladie.
Les Japonais leur apportèrent une terrible in-

fluenza en 1895; c'est avec eux aussi qu'est venue la syphilis.

Les Aïnos sont aujourd'hui moins nombreux que jadis, et il semble aussi qu'autrefois ils avaient plus d'enfants. Quand un malade souffre d'une maladie nerveuse, de la petite vérole ou même d'une autre maladie, ils disent qu'un dragon est entré dans son corps et qu'il faut l'en chasser; ils nettoient à fond le foyer, puis entourent le malade en silence, et le battent en poussant de grands cris; ils jettent certaines plantes odoriférantes sur le sol, courent, en faisant de grands gestes, choquent des sabres pour effrayer le mauvais esprit. Le chamane, s'il en est un dans le village ou dans les campements voisins vient ensuite et a recours à la magie; si un médecin russe passe, on le consulte aussitôt. Le chamane, coiffé d'un grand bonnet orné de talismans, ne vient guère que la nuit chez les malades.

L'homme qui se sent mourir exprime ses dernières volontés, qui seront respectées. Lorsqu'il a rendu le dernier soupir, on lui ferme les yeux, on l'enveloppe dans une natte faite d'herbes spécialement coupées dans les marais, et on le porte à la place qu'il occupait d'ordinaire dans la maison, les pieds tournés vers la porte. On pleure

FAMILLE AÏNO.

abondamment; puis les hommes sortent, et pendant que, vautrées autour du cadavre, les femmes sanglotent, les hommes fabriquent un cercueil en bois.

Le lendemain, on place le mort dans le cercueil et on l'enterre près de la maison, mais très peu profondément. On met près de lui des objets dont il pourrait avoir besoin, une pipe, du tabac, un couteau, un briquet. Sur le tombeau, on dresse un inao et on place une lance la pointe en terre; sur l'inao est grossièrement représenté ou sculpté le sexe du défunt. J'ai pris dans un de ces cimetières, une tête de phoque qui portait elle-même un inao dans les narines et dont nul ne voulut m'expliquer la signification.

Le vol d'un crâne de phoque placé sur un tombeau est un crime, celui d'un crâne d'ours est plus grave encore; on comprend donc quels dangers courrait un voyageur qui, pour enrichir une collection d'anthropologie, rassemblerait des crânes humains.

Ce fut grâce aux forçats que j'en pus rapporter pour le Muséum; eux seuls m'indiquèrent les endroits où il était possible d'en trouver.

Après la mort d'un Aïno, on partage l'héritage entre les enfants, si le défunt n'en a pas décidé autrement. Les instruments de pêche et de chasse reviennent aux fils; les outils, les plats, les instruments de cuisine, sont pour les filles. Les femmes continuent à habiter la maison du défunt, qui est une propriété de famille et non une propriété particulière. Ce sont les vieux qui font le partage; le frère n'a pu disposer que des objets qui lui sont personnels, et c'est toujours, par tradition, le fils aîné qui devient le maître de la maison.

On ne prononce plus jamais le nom du mort, et si un étranger le fait devant quelqu'un de la famille en deuil, celui-ci baisse la tête et s'en va sans répondre. Les enfants ne parlent plus jamais de leur père; on craint les morts, c'est pourquoi leur souvenir est mal conservé.

Il ne reste, par conséquent, que quelques légendes dans la mémoire du peuple: les Aïnos n'ont pas d'histoire.

Les Aïnos aiment à raconter des vieilles histoires, à chantonner des chansons d'amour : on y entend des amoureux pleurer la mort de celui ou de celle qu'ils ont aimé; les femmes sont moins matérielles que leurs époux, dont elles célèbrent surtout l'adresse, la bravoure et l'honnêteté; les hommes en effet pleurent leur

femme, mais semblent regretter surtout la bonne
soupe qui leur manquera désormais. Voici, à ce
propos, un couplet d'une chanson caractéristique:

« Jamais je ne retrouverai une ménagère pareille
à toi! Quels bons repas tu savais me préparer; je
me jetais dessus comme le chien sur sa proie, et
la graisse me coulait sur la barbe et sur les mains,
que je léchais ensuite avec tant de plaisir! »

On conte que les femmes se sont jadis donné
la mort sur le tombeau du bien-aimé, et l'on
montre sur le bord de la mer une pierre, que l'on
nomme la Désolée: elle ressemble grossièrement
à une femme. La mer lui avait pris son mari,
qu'elle appela des jours et des nuits sur le rivage;
elle refusait toute nourriture et se tenait debout
sans bouger; au bout de quelques semaines, ses
cris cessèrent et peu à peu, les gens du village la
virent se changer en pierre.

Lorsque surgissent des difficultés entre des villages ou des particuliers, les vieux s'assemblent
et jugent; ils le font d'ordinaire honnêtement. Le
vol est sévèrement puni, on coupe le doigt du
voleur, qui se laisse faire sans résistance, d'après
ce que m'ont dit les indigènes. Quand le voyageur Poliakov quitta le pays des Aïnos, il venait
d'être volé par une femme; il ne se douta jamais

qu'on coupa à celle-ci trois doigts pour la punir.

Dans certains villages, le principal juge est le « tchatcha », sorte de chef de village qui passe sa fonction en mourant à son fils préféré. Les crimes sont très rares et ils étaient avant l'arrivée des Russes, punis avec une atroce sévérité. Le temps n'est pas loin où les juges invitaient les gens d'un campement à piquer tour à tour un meurtrier avec leurs couteaux. L'assassin était ensuite attaché à sa victime et on enterrait le mort avec le vivant.

CHAPITRE XII

La Fête de l'Ours chez les Aïnos. — Respect religieux pour
l'Ours. — La veille de la fête. — Discours à la victime. —
Le sacrifice. — Après le sacrifice.

L ES Aïnos, comme les Guiliaks d'ailleurs, s'em-
parent, chaque année, d'un jeune ourson ; ils
l'enferment dans une cage de bois, et la plus vé-
nérée de leurs femmes est chargée de le nourrir
avec le plus grand soin. Lorsque la bête atteint
l'âge de deux ans, les indigènes invitent leurs
amis, et, au cours d'une fête pittoresque dont on
lira plus loin les détails, ils immolent solennellement l'ours en le chargeant de leurs commissions
pour le dieu de la forêt, près duquel son âme vivra
désormais. L'ours, quoi qu'on en ait dit, n'est pas
considéré comme un dieu, il est le messager que
la divinité écoute favorablement. Son nom est si
respecté qu'on le donne à l'hôte dont la visite
semble un honneur : j'ai entendu dire parfois,
quand j'entrais chez des Aïnos — réflexion flat-
teuse entre toutes :

« Ah! voici l'ours qui vient. »

Toutes les populations si diverses de la Sibérie ont, pour l'ours, une semblable vénération. Les Samoyèdes, qui habitent sur le bord de l'océan Glacial, disent que son âme est immortelle, et qu'il est le fruit de l'amour coupable d'une femme et d'un démon. Les Ostiaks du bassin de l'Ob le nomment fils du ciel, et chaque chasseur qui le rencontre fait, après l'avoir tué, des excuses à son cadavre. Les Bachkirs de l'Oural prétendent qu'il est le fils d'un dieu puissant, et qu'il sait tout. C'est un ancien khan, disent les habitants de l'Altaï, qui a eu la fantaisie de se métamorphoser en bête. Ce n'est pas un khan, répondent les Toungouses du fleuve Amour, c'est un prêtre et un sorcier!

« Il est plus qu'un animal et moins qu'un homme, me disait gravement un vieux Khirghize nomade; mais il est plus fort que le premier et plus intelligent que le second; il est loin de nous en ce moment et pourtant il nous observe et il nous entend! »

Les Bouriates de la région du Baïkal prétendent que Dieu passait un jour à cheval : il rencontra sur sa route, le plus fort de tous les hommes qui le fit tomber. Furieux de sa mésaventure, Dieu changea l'homme en ours; celui-ci conserva sa force et son

DÉPART POUR LA FÊTE DE L'OURS CHEZ LES AÏNOS.

intelligence, et reçut quelques privilèges divins, dont les hommes ne connaissent pas exactement l'importance.

De pauvres Mongols, qui pratiquent la religion bouddhique, m'ont dit que l'Homme-Dieu, incarnation vivante de Bouddha, vit dans un monastère du Thibet, et élève un ours, dont il écoute les conseils. Certains Orotchones considèrent l'ours comme un dieu déchu, qui fut vaincu par un dieu plus fort.

J'ai remarqué, en outre, que les indigènes de Sibérie n'aiment pas à prononcer le mot d'ours : ils disent « le petit vieillard, le maître de la forêt, le respecté, le savant », et le plus souvent ils le nomment d'un seul mot court et typique : « lui » ! Certains sont plus familiers et l'appellent « mon cousin »; pour le paysan russe, il est simplement « Michka », ce qui est le diminutif du prénom Michel. Et Michka est très malin et très intelligent; il est bon aussi parfois, et il a épargné bien des gens épouvantés à sa vue, qui se sont excusés de venir le déranger dans sa solitude.

Même en Europe, on a pour l'ours une considération particulière, très méritée au dire des plus célèbres dompteurs, qui voient en l'ours le plus intelligent et le plus perfectible de tous les animaux féroces. Les Allemands des bords du Rhin l'appellent « mon oncle », et dans tous les jardins zoologiques la cage de Martin est la plus entourée ; voyez son succès au Jardin des Plantes. A Saint-Pétersbourg il en a plus encore : il fait des cabrioles, il joue à saute-mouton avec ses compagnons, à la grande joie du public ; et dans une vaste cage, sont de gentils oursons, auxquels les enfants font boire de l'hydromel et qui, reconnaissants, lèchent affectueusement les mains de leurs petits bienfaiteurs.

La fête de l'ours a lieu dans l'île de Sakhaline, chez les Guiliaks comme chez les Aïnos. Les condamnés politiques qui ont habité parmi les Guiliaks et qui ont étudié leurs mœurs, prétendent que la fête a perdu chez ces indigènes du moins, tout caractère religieux : il semble que la fête de l'ours n'ait pas toujours existé chez eux ; elle est surtout une fête aïno.

L'ours qui doit devenir chez les Aïnos le héros et la victime de la fête, est pris très jeune dans la forêt ; il est enfermé dans une cage en bois, de forme cubique, non loin de la maison de son maître, et il n'en sort que l'été pour aller, harnaché de cordes et de lanières, se baigner dans la rivière voisine ; tous les gens du campement le suivent et le contemplent en lui adressant des paroles ami-

PROMENADE DE L'OURS.

cales. Il appartient presque toujours au plus riche du village, mais chacun tient à honneur de contribuer à sa nourriture. C'est, en général, l'aïeule respectée qui lui apporte sa pitance, mais il est quelquefois nourri par des jeunes filles; il reçoit sa part de tous les plats que mangent les Aïnos et souvent la meilleure part. On lui donne de la soupe de poisson, du saumon cru, une côtelette de chien, et, en été, des baies, groseilles ou framboises sauvages, dont les ours sont toujours très friands. La nourriture lui est apportée sur une pelle en bois, qu'on passe à travers les barreaux de la cage, et celle-ci est protégée par des inaos. J'ai déjà expliqué ce que sont ces inaos, dans le chapitre précédent.

La fête de l'ours a toujours lieu l'hiver et pendant la nuit. Deux ou trois jours avant la cérémonie, de tous les villages même les plus éloignés, viennent des Aïnos; il faut être bien malade ou bien impotent pour n'y pas y assister. Le jour qui précède la fête est consacré aux pleurs; l'avant-veille on a surtout bu, dansé et chanté.

Les hommes fabriquent des inaos de grandeur différente, c'est là un travail qu'une femme ne saurait exécuter sans péché; les inaos faits, il faut préparer le dîner, et par conséquent tuer quelques chiens. Les femmes cependant tressent, avec des

lianes, une longue ceinture que l'ours devra revêtir
à l'heure du sacrifice, et à laquelle pendent dë
petits sacs, où l'on enferme un peu de chacun dés

LA CAGE OU L'ON ENFERME L'OURS QU'UNE FEMME VIENT NOURRIR

mets préparés pour la fête : poisson sec, graisse
de phoque, viande de chien, riz, tabac, etc. Ce sont
là des provisions pour la route, assez longue, que
suivra l'âme de l'ours dans son voyage vers la
divinité. Les jeunes filles ont une tâche spéciale,
elles font avec des lianes et des herbes de longues
boucles d'oreilles qui pareront la tête de la victime.

Les vieilles ont aussi leur fonction, et leur rôle

BAIGNADE DE L'OURS EN ÉTÉ, IL EST ACCOMPAGNÉ DE TOUS LES GENS DU CAMPEMENT.

n'est pas le moins fatigant. Rangées autour de la cage, à quatre pattes, presque vautrées, la figure couchée sur les mains et le derrière en l'air, elles

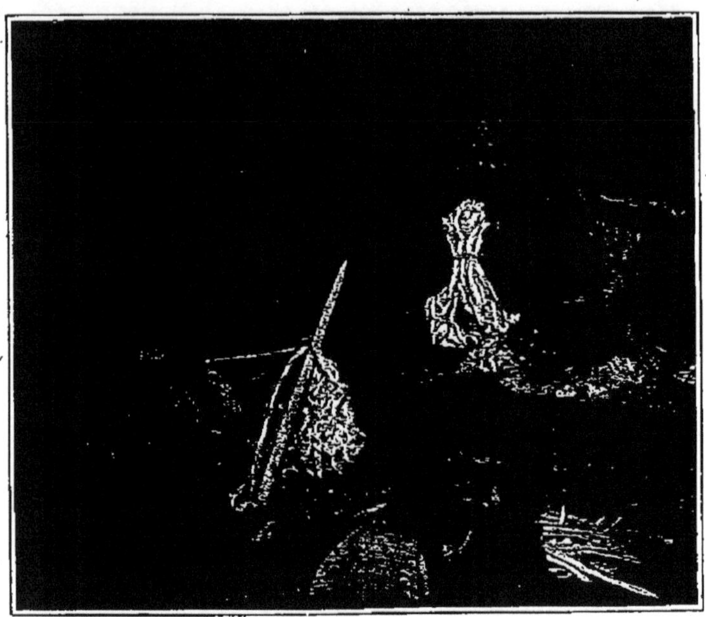

FABRICATION DES INAOS POUR LA FÊTE DE L'OURS.

pleurent, elles gémissent, elles sanglotent. Chaque fois qu'une vieille arrive au campement, elle descend du traîneau, et se dirige vers la cage pour prendre part à l'étrange concert. Les vieilles se relayent, et, à tour de rôle, vont dans une des huttes du campement dormir et manger. Devant un tel spectacle, on conçoit que l'ours devienne nerveux;

il comprend que quelque chose d'extraordinaire se
prépare, et tourne effrayé dans sa cage en hurlant
lugubrement. Le signal des pleurs est toujours
donné par celle qui, pendant deux ans, a pris soin
de l'ours, et qui lui a chaque jour porté sa nourriture.

Ces longues lamentations des vieilles n'existent
plus aujourd'hui dans tous les villages; elles ont
même presque disparu chez les Aïnos du sud. Ce
sont là des mœurs, à la fois très sauvages et très
bizarres, et ce qui va suivre devant l'être encore
davantage, j'éprouve le besoin d'affirmer ici que
tous les détails qu'on lira ont été scrupuleusement
contrôlés.

Des danses ont lieu dans la maison et auprès de
la cage; les hommes dansent d'un côté, les femmes
de l'autre; l'accompagnement n'est pas fait par
des instruments, mais par des sons inarticulés et
rythmés, poussés bouche fermée et avec le gosier.
Nul n'a fait, bien entendu, toilette pour la cérémonie : un Aïno n'a qu'une chemise, et il la porte
jusqu'à ce qu'elle tombe en lambeaux.

Tous ces préparatifs, travaux, danses et lamentations durent deux ou trois jours. Quand vient le
dernier soir, tout est prêt, les chiens sont tués et
cuits, la graisse de phoque est fumante, le riz

bouilli, les feuilles de tabac déchirées, et les pots remplis de « saké », eau-de-vie de riz que les Japonais ont fait connaître aux Aïnos. Pendant la soirée, il y a une scène de pleurs dans la maison du propriétaire de l'ours. Celui-ci a fait l'exposition de toutes ses richesses; sabres japonais, lances primitives, fourrures, tout est étendu au fond de sa cabane ornée d'inaos neufs. Dans la plupart des villages, la scène de pleurs est courte, et le saké tout chaud délie les langues et réjouit les cœurs.

Vers deux heures du matin, les vieux se lèvent, quittent la hutte et se dirigent vers la cage de l'ours, devant laquelle quelques vieilles infatigables gémissent encore. Le plus éloquent des vieillards, particulièrement respecté, fait un signe, chacun se tait, et il adresse doucement à l'ours un long discours. Les termes du discours diffèrent selon les orateurs; mais, à part quelques phrases d'improvisation personnelle, le fond en est toujours le même :

« N'aie pas peur, ours, ami vénéré, que nous aimons tous. Tu sais combien nous nous sommes montrés bons pour toi. Rappelle-toi ta naissance dans la forêt mystérieuse et terrible! Tu étais petit quand nous t'avons rencontré, que serais-tu devenu sans nous! Nous t'avons pris dans nos bras; pour te réchauffer nous te serrions contre notre poitrine, et nous t'avons donné une bonne soupe pour calmer ta faim. Tu as eu vite confiance en nous, tu jouais comme un petit gamin, et tu nous léchais la figure et les mains. Mais après t'avoir nourri, cher ami, nous aurions pu te laisser dans la forêt; nous sommes de pauvres gens et une bouche de plus à nourrir épuise vite nos maigres provisions d'hiver, surtout quand le nouveau venu a un appétit comme le tien, soit dit sans reproche. Et cependant nous t'avons pris chez nous, tu as vécu dans notre village, nous t'avons nourri et choyé comme notre plus cher enfant! Tu t'en souviens, n'est-ce pas? Et quelle belle cage toute neuve nous avons construite! Et quels bons bains dans notre rivière! Et les poissons que nous avons pêchés pour toi; les gigots de chiens que nous t'avons offerts, et les framboises que femmes et enfants allaient cueillir pour toi, parce qu'ils connaissaient tes goûts, gourmand que tu es! Car tu es gourmand, cher vieil ami, et dans la forêt où tu devais vivre, tu n'aurais jamais pu manger à ta faim. L'hiver, tu aurais eu froid dans la neige, tandis qu'ici nous entourions ta cage de paille et tu dormais tranquillement au chaud. Tu n'as jamais manqué de rien. Aussi vois comme tu es gras, et comme tu es beau !

« Eh bien, aujourd'hui, nous célébrons une grande fête, dont tu es le héros vénéré. Les cris, les pleurs, les danses, te l'ont déjà fait comprendre. N'aie pas peur pourtant ; nous n'allons pas te faire de mal ; nous voulons simplement te tuer et t'envoyer au dieu de la forêt, qui t'aime et que nous craignons. Nous allons t'offrir un bon dîner, le meilleur de tous ceux que tu auras mangés chez nous, et nous te pleurerons tous ensemble ! L'Aïno qui te tuera est le meilleur tireur d'entre nous, il est là, il pleure et il te demande pardon ; tu ne sentiras presque rien, ce sera si vite fait !

« Nous ne pouvons pas toujours te nourrir, tu dois bien le comprendre. Nous avons assez fait pour toi ; c'est à ton tour maintenant de te sacrifier pour nous. Tu demanderas à Dieu de nous envoyer, pour l'hiver, beaucoup de loutres et de zibelines, et pour l'été prochain, des phoques et du poisson en abondance. N'oublie pas nos commissions, nous t'aimons bien et nos enfants ne t'oublieront jamais ! »

La femme chargée de nourrir l'ours s'avance alors tristement, portant les derniers mets destinés à la victime ; elle les lui donne à travers les barreaux, puis se laisse tomber comme une masse, près de la cage, en poussant des sanglots. L'émotion est bientôt générale, les vieilles retrouvent de nouvelles larmes et les hommes poussent des cris étouffés. L'ours n'ose pas manger, de plus en plus épouvanté, bien qu'entre deux sanglots, les vieillards lui crient :

« Mange, cher ami, notre enfant, mange et ne crains rien ! »

La gourmandise est enfin la plus forte, et l'odeur de la délicieuse graisse de phoque, et d'un excellent filet de chien, décide l'ours, qui reprend courage et croit trouver dans l'apaisement de son appétit la fin de tous ses tourments.

Un peu de clarté apparaît à l'horizon, le jour va bientôt naître et les jeunes gens accourent; ils enlèvent quelques planches de la cage et cherchent à passer une corde ou une courroie autour du corps de la bête; ils piquent l'ours avec un grand bâton, afin qu'il se lève et qu'on puisse plus facilement le harnacher. L'ours est parfois très énervé, partant très méchant, il cherche à mordre et à griffer. La courroie passée, on ne laisse que quelques barreaux de la cage, et l'ours saute aussitôt par-dessus. A la courroie sont attachées de longues lanières, les Aïnos s'y cram-

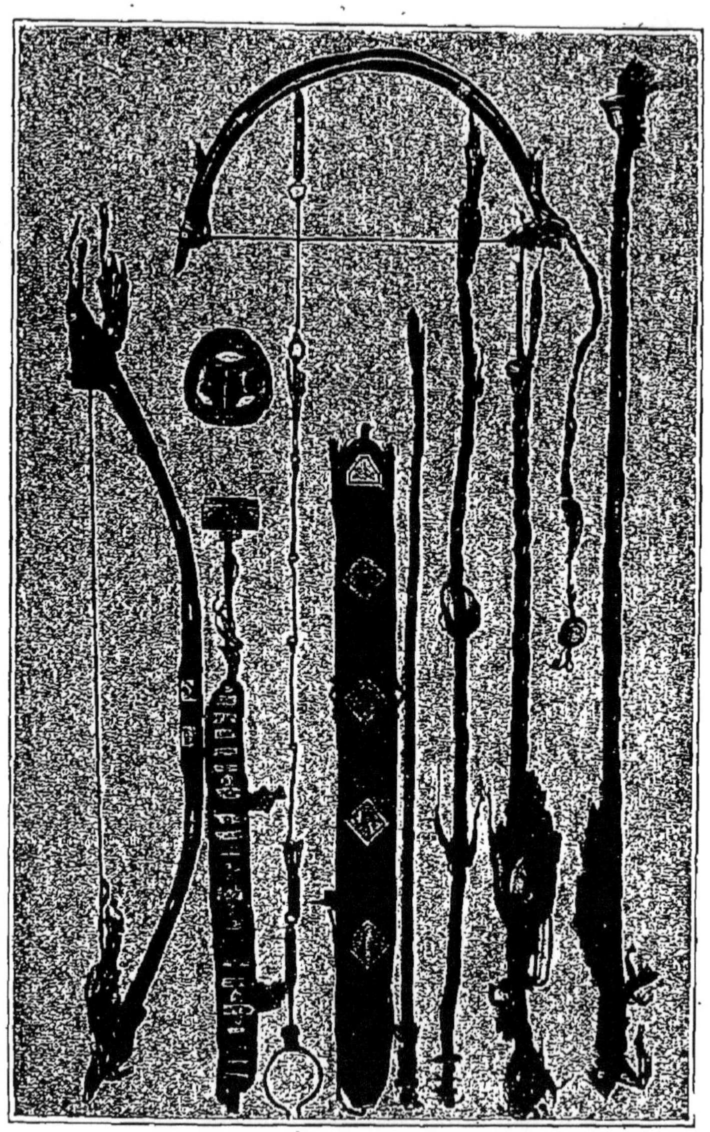

LES INSTRUMENTS DE LA FÊTE DE L'OURS.

ponnent de chaque côté de l'ours et en nombre égal. Ainsi tenue, la bête ne peut qu'avancer ou reculer, les mouvements à droite ou à gauche lui sont rendus impossibles.

C'est alors qu'il faut lui passer l'autre ceinture, celle dont nous avons parlé plus haut, et que les femmes ont tressée avec tant de soin; la tâche n'est pas facile, elle est même dangéreuse, et un brave seul, auquel de copieuses libations ont donné du courage, est capable de tenter l'aventure. Il s'approche, et doit, d'un mouvement brusque, passer les mains sous les pattes de devant, en appuyant en même temps sa poitrine sur le front de la bête afin de n'être pas mordu. L'ours est souvent très fort et plus grand qu'un homme; et l'imprudent ivrogne est souvent renversé et va rouler dans la neige, salué par les cris et les plaisanteries ironiques des spectateurs; il se pique au jeu, recommence, et parfois le sang coule; mais l'ours est si énergiquement garrotté, qu'il ne peut faire de blessures bien graves; d'ailleurs, une blessure en pareille fête est un honneur et un présage de joie et de richesse pour la vie entière. Un jeune homme est toujours avide de gloire et désireux de conquérir, sous les yeux des femmes, un renom de bravoure, et les félicitations des vieillards.

La ceinture attachée, les jeunes gens percent les oreilles de l'ours et lui passent les longues boucles d'oreilles préparées par les jeunes filles. On entoure son cou de quelques inaos, on lui fait faire trois fois le tour de la cage, puis le tour de la maison de ses maîtres, et de celle du vieillard qui a prononcé le discours. Si l'ours est trop agacé, il faut l'entraîner, et il se prête de mauvaise humeur aux différents épisodes de la cérémonie. Parfois pourtant il comprend que toute résistance est inutile, et il obéit sans plaintes et sans gémissements. Il en est aussi de plus pratiques, qui flairent les provisions de route suspendues à la ceinture, déchirent les sacs et en dévorent le contenu.

On attache alors l'ours à un arbre, qui a été préalablement orné d'inaos, et près duquel est un arbre paré lui aussi, mais moins somptueusement. L'animal tourne autour de l'arbre, tandis que l'orateur désigné s'approche, tenant dans la main un long bâton, portant un inao. Son discours est parfois très long, il dure jusqu'aux premiers rayons de l'aurore; il y a des villages où le premier discours n'a pas lieu et où les recommandations paternelles du vieillard ne sont dites que devant l'arbre du sacrifice.

LE SACRIFICE.

« Souviens-toi! s'écrie le vieillard, souviens-toi. Je te rappelle encore ta vie entière et les services que nous t'avons rendus! A toi maintenant de faire ton devoir. N'oublie pas ce que je t'ai demandé: tu diras aux dieux de nous donner la richesse; que nos chasseurs reviennent de la forêt chargés de fourrures rares, et d'animaux à la chair nourrissante; que nos pêcheurs trouvent des bandes de phoques sur le rivage et en mer et que leurs filets craquent sous le poids des poissons. Nous n'espérons qu'en toi; les mauvais esprits rient de nous, et trop souvent nous sont défavorables et malfaisants, mais ils s'inclineront devant toi. Nous t'avons donné la nourriture et partant la joie et la santé; nous te tuons maintenant, pour qu'en revanche tu envoies la richesse à nous et à nos enfants. »

L'ours, de plus en plus agité, écoute tous ces longs discours sans conviction; il tourne autour de l'arbre, et gémit tristement. Pour lui donner du courage, et pour lui montrer la route à suivre, on appelle un chien, et on le pend devant lui à l'arbre voisin.

Dès que paraît le premier rayon du soleil, un Aïno, debout à quelques pas de l'ours, tend son arc, vise au cœur et lance une flèche meurtrière

dans la poitrine de la malheureuse bête. Comme
l'a dit le vieillard, on a choisi le meilleur tireur,
et presque toujours la mort est instantanée. Près
du cadavre, aussitôt, le tireur abandonnant son
arc, se jette à terre, et la femme qui a, chaque
jour, porté à l'ours sa nourriture, tombe à côté de
lui en sanglotant; les vieux et vieilles les imitent,
pleurant et criant.

On apporte alors à la bête morte un peu de
nourriture, du riz, des pommes de terre sauvages,
on lui parle, on la plaint, on la remercie. Des
enfants effrayés se sauvent tout en larmes, d'autres sont félicités de leur courage, quand ils s'approchent sans peur du cadavre. On enlève avec
respect les inaos qui forment la parure du défunt;
on coupe ensuite la tête et les pattes de la bête
que l'on dépèce aussitôt; la peau sera employée,
on en fera une pelisse ou une couverture, elle
peut même être vendue; mais les pattes et surtout la tête sont des choses sacrées, et on commettrait un gros péché en les vendant, ou même
en les donnant; terrible serait la responsabilité
de celui qui commettrait un tel crime.

Attirés par la vue et l'odeur du sang, les chiens du
campement s'approchent, désireux d'avoir leur part
au festin qui s'apprête; on les chasse brutalement.

TIREURS D'OURS.

« Mon grand-père, disait un vieil Aïno, m'apprit que jadis nos ancêtres ne permettaient pas aux femmes de manger la viande de la fête; ç'aurait été considéré comme un sacrilège; aujourd'hui, nous qui valons moins que nos pères, nous sommes assez faibles pour inviter les femmes; mais nous n'oserions pas néanmoins inviter les chiens. »

Le sang de l'ours est bu encore chaud par tous les assistants. La peau est confiée à un vieillard, il la tient précieusement et la porte comme il porterait un petit enfant. La chair de la bête est bouillie, la coutume interdisant de la faire rôtir. Quand on en demande la raison, les Aïnos répondent :

« Il en est ainsi parce qu'il en fut toujours ainsi : nous n'en savons pas la raison, nous faisons ce que faisaient nos grands-pères qui imitaient eux-mêmes leurs grands-parents ! »

C'est d'ailleurs la réponse que l'on entend chaque fois qu'on demande l'explication d'un des nombreux faits bizarres de cette fête si étrange.

Détail curieux : la peau et la chair cuite ne peuvent entrer dans la maison par la porte. Or, en principe, les maisons des Aïnos n'ont pas de fenêtres, sauf quelques-unes construites sur le

modèle des maisons russes. Un Aïno monte donc
sur le toit et fait passer la viande, la tête et la
peau par le trou de la cheminée. La peau est
soigneusement pliée sur un des coins du foyer
rectangulaire, la tête de l'ours est placée en
général sur la peau avec de petits bâtons dans
les oreilles. Comme il ne serait pas juste que le
pauvre chien qui a été immolé, et qui a montré à
l'ours la route à suivre ne soit pas à l'honneur
après avoir été à l'épreuve, sa tête est, elle aussi,
placée près du foyer. On offre aux deux bêtes
défuntes des aliments, du riz, des pommes de terre
sauvages, et on met à côté de la tête de l'ours
un briquet, une pipe et du tabac.

« Il écoute très attentif nos conversations, me
disait une femme, et parfois remue les oreilles! »

L'usage veut que les invités dévorent, avant de
se quitter, toute la bête; on réserve pourtant la
part de ceux que la maladie tient éloignés. On a
vu qu'il est défendu de donner aux chiens un seul
morceau de l'ours sacré, il n'est pas permis non
plus de l'assaisonner : l'emploi du sel et du poivre
est interdit. Le repas dure longtemps, on boit, on
danse, on se grise de nouveau; puis, l'ivresse
passée, les hommes vont porter au fond de la
forêt la tête du héros de la fête; ils la déposent

sur un tas d'ossements où blanchissent les crânes séculaires d'ours tués dans les fêtes passées.

Les invités rentrent chez eux sur leurs traîneaux attelés de chiens ; d'autres qui habitent les villages voisins, s'en vont sur leurs skys. Ils s'en retournent sans plus de cérémonie ; on ne se dit jamais au revoir ou adieu chez les Aïnos de Sakhaline.

J'ai pu pénétrer une fois seulement et bien difficilement jusqu'à l'un de ces petits monticules faits de crânes et d'ossements. La forêt était, comme toujours à Sakhaline, presque inaccessible : il y avait des troncs pourris à enjamber et des lianes inextricables à franchir. Les Aïnos m'auraient certes traité en ennemi s'ils avaient su que j'eusse ramassé là plusieurs crânes d'ours pour le Muséum d'Histoire naturelle ; c'est dans la grande forêt où il est né, que le crâne de l'ours doit à jamais reposer ; le vol que j'ai commis est un sacrilège.

Il y avait à Naïboutchi quelques Aïnos intéressants que j'interrogeais volontiers sur les détails des fêtes passées. Nous nous réunissions dans la plus grande maison du campement ; les habitants des villages voisins assistaient chaque jour et prenaient part à nos conversations ; je voulus

17

plusieurs fois apprendre les origines de la cérémonie.

Je compris, d'après eux, que l'ours connaît toujours le sort qui l'attend; il est résolu à subir la destinée, car il sait que c'est pour son bien et pour le bien des hommes qu'il doit être immolé. Quand il a peur, c'est son corps qui tremble et non son âme; la souffrance l'effraie pourtant. S'il est furieux et s'il se débat, c'est que quelqu'un sans doute l'a offensé; il est bon, mais il ne reconnaît à personne le droit de l'insulter ou de le brutaliser. Les faits le prouvent surabondamment. L'âme de l'ours défunt se venge toujours de ceux qui l'ont offensé ou qui l'ont fait souffrir.

« Ce ne sont pas des légendes que nous te racontons, me dit un Aïno, ce sont des vérités! »

Ces vérités cependant étaient de vraies légendes, qui ne pouvaient naître que dans le cerveau d'un peuple enfant.

CHAPITRE XIII

L'Ours chez les Guiliaks. — La Fête du chasseur. — Festin et
jeux divers. — Croyances et coutumes.

LES ours ont, d'après les Aïnos, beaucoup de dé-
dain pour les femmes ; mais ils sont, à ce point
de vue, chez les Guiliaks, beaucoup plus civilisés
et beaucoup plus galants. On raconte en effet,
afin d'expliquer la passion des Guiliaks pour la
chasse à l'ours, la légende suivante.

Deux frères habitaient seuls avec leur sœur une
hutte au bord de l'eau, sur la lisière même de la
forêt ; leurs parents étaient morts et ils vivaient
très fraternellement ensemble. Un jour, que les
deux frères étaient absents, un ours passa qui
aperçut la jeune fille ; il la trouva gentille et
l'enleva malgré ses cris. Les frères revinrent à
la maison ; inquiets de ne pas voir leur sœur, ils
la cherchèrent, l'appelèrent, mais en vain. Les
grosses pattes de l'ours avaient laissé de larges
traces sur le sable, et les jeunes gens pensèrent

que leur sœur était morte sous la dent du féroce carnassier; morte ou vivante, ils résolurent de la venger. Ils parcoururent la forêt voisine, en fouillèrent tous les coins, mais l'ours restait invisible; ils résolurent d'aller plus loin et de visiter la montagne. Après quelques jours de marche, ils aperçurent une cabane d'où s'échappait une fumée, et ils ne purent retenir un cri de surprise en apercevant leur sœur assise devant la porte. L'ours, amoureux d'elle, l'avait épargnée, et prenant une forme humaine, il en avait fait sa femme. Les deux frères le comprirent et envoyèrent deux flèches dans le cœur de l'ours. Ils ramenèrent leur sœur évanouie à la maison, mais celle-ci refusa toute nourriture, et se laissa mourir d'épuisement et de faim : la vie lui était désormais intolérable sans les douceurs que l'ours lui avait fait connaître. C'est pour venger cette femme que les Guiliaks font depuis des siècles la chasse à l'ours dans les forêts de Sakhaline.

Plusieurs récits et chansons prouvent aussi que l'ours guiliak est passablement polisson et les indigènes affirment qu'il aime à faire aux femmes un brin de cour le soir à la lisière des forêts. Les jeunes gens en profitent pour mettre bien des méfaits sur le compte de l'ours.

Les Guiliaks enferment l'ours dans une cage
et l'immolent solennellement, eux aussi, pendant
l'hiver; mais la cérémonie a un caractère beaucoup moins religieux que chez les Aïnos; ils trai-
tent l'ours beaucoup plus familièrement. Raconter
cette fête serait vouloir répéter le récit précédent,
très simplifié d'ailleurs, car les détails de la fête
guiliake sont à la fois moins nombreux et moins
pittoresques, et ne diffèrent de la fête des Aïnos
que d'insignifiante façon.

Les Guiliaks n'ont pas pour l'ours un respect
aussi profond que les Aïnos, mais ils montrent une
grande vénération pour celui d'entre eux qui se
distingue par ses exploits à la chasse à l'ours.
Pareil chasseur porte à la ceinture un petit bâton
où le nombre d'entailles indique le nombre d'ours
tués. Le chasseur place son piège dans la forêt;
l'ours, attiré par un appât, met en mouvement le
piège et est percé d'une flèche; souvent aussi, le
Guiliak attaque l'ours le fusil à la main; d'autres
plus courageux encore n'ont pour armes que l'arc
et le couteau, qu'ils manient avec une adresse
incomparable. La vraie fête de l'ours guiliak serait
plus justement appelée la fête du chasseur: elle a
lieu chaque fois qu'un Guiliak tue un ours, et, très
typique elle aussi, mérite d'être racontée.

Non loin du village tranquille où jouent les chiens et les enfants, retentit un cri; quelques hommes font taire les enfants et écoutent pour être bien sûrs de ne pas se tromper. La voix, encore lointaine, semble plus proche, et c'est bien le cri de triomphe que l'on entend : c'est un cri modulé, un cri-chanson, comme me disait un Guiliak. Le chasseur s'avance au plus vite en répétant : Oïonte! Oïonte! Ce mot n'a par lui-même aucune signification, mais il annonce qu'un ours a été tué, et le chasseur apparaît tout ensanglanté, avec les preuves de son exploit; il traîne en effet la peau de l'ours dont il porte la tête. Tous les hommes frappent une planchette de bois sonore avec de petites baguettes, les femmes qui travaillaient dans les maisons sortent curieuses, les enfants sautent de joie, tandis que les chiens lèchent le sang qui tombe de la tête et de la peau; le chasseur se tait, s'arrête et jouit de l'accueil triomphal qu'il sait avoir mérité.

Les hommes alors l'interrogent : comment a-t-il tué l'ours? le corps est-il resté loin d'ici? Il faut aller le chercher, l'amener au campement, car les bêtes et les oiseaux sauvages, attirés par l'odeur, s'offrent peut-être déjà un festin auquel ils n'ont pas droit. Le chasseur alors prend la direction de la troupe et conduit ses amis au lieu même où se trouve son sanglant trophée.

Le lendemain, on va annoncer aux amis, habitants des environs, qu'un grand repas se prépare auquel ils sont invités; on indique l'endroit où aura lieu la fête, non loin de la place où l'on va d'ordinaire déposer les ossements des ours tués pendant la chasse. Les Guiliaks qui sont allés souvent, autrefois du moins, le long de la Poronaï, jusqu'au campement des Aïnos, y ont appris à faire grossièrement des inaos, qu'ils appellent naos. Ils n'en font pas dans tous les villages, mais j'en ai vu quelquefois. On fait pour le repas une sorte de table que l'on décore avec des naos; si l'on se trouve au bord d'une rivière et qu'il faille la traverser pour aller porter dans la forêt les os après le repas, la barque est elle-même ornée de quelques naos. Le repas ne comprend pas seulement de la viande d'ours, mais du riz, quelquefois des haricots, et toujours des pommes de terre sauvages et des merises à grappes. La viande est cuite en plein air dans de vastes marmites : elle est en partie bouillie, en partie rôtie. Les hommes peuvent manger l'ours sous les deux formes, les femmes commettraient un péché si elles osaient toucher au rôti; en été seulement elles sont admises au festin, mais hiver comme été, on fait appel à leur concours pour cuire la viande et pour la servir.

Sur la table, on met la tête de l'ours que l'on a préalablement dépecée. Les hommes aiment de temps à autre à appeler un enfant dont ils placent un moment le front sur le crâne de l'ours en s'écriant :

« Fais connaissance avec le vieux camarade! »

Les enfants en général détestent ce jeu et pleurent; quelques-uns, plus braves, tirent les oreilles de l'ours et sont félicités par l'assemblée : ce sont des braves qui seront à leur tour de brillants chasseurs dans quelques années.

Le repas est présidé toujours par un hôte vénéré, qui est le plus souvent un vieillard; on l'appelle le « Narkh » et pendant toute cette journée les invités lui doivent témoigner leur respect.

La peau de la bête est tantôt sur la table, tantôt pendue près des invités. Quand tout est prêt pour le repas, on appelle les invités, car il y a des gens qui ne sont venus que pour voir et qui n'ont pas la chance de prendre part au festin. Les hommes se placent alors en rond près de la hutte et les femmes sont autour de la marmite. Des jeunes gens offrent du riz et des pommes de terre sauvages, commençant par l'hôte le plus vénéré pour finir par le moins important.

Le maître de maison découpe l'ours et fait la part de chacun; le partage est difficile, car il importe de donner à tous un peu des diverses parties de la bête; il faut faire des parts sensiblement égales, en avantageant quelque peu les vieux et surtout le Narkh; chaque invité reçoit en outre un petit os et le Narkh l'os de la poitrine.

Sur la table, est un couteau spécial dont les invités doivent se servir pour couper leur viande; s'ils oublient ce détail, s'ils tirent de leurs poches leurs propres couteaux, ceux-ci deviennent la propriété du maître de la maison. Il faut bien que l'amphitryon gagne quelque chose au repas; c'est lui qui tue l'ours et qui donne la fête; il dépense pour cela ses provisions et ne récolte guère que de la gloire, ce qui lui semble agréable, mais un peu insuffisant. Son exploit est connu et célébré au loin.

Il a pourtant à espérer quelques gains de caractère très particulier. Chaque invité tire de sa poche une ficelle qu'il enroule autour de l'os qui lui a été donné; et toutes ces ficelles entourant les os sont offertes en présent au maître de la maison; le Narkh qui a reçu un os énorme doit l'entourer d'une forte lanière en peau de phoque ou de dauphin.

On force les invités à manger jusqu'à ce qu'ils n'en puissent plus, et alors seulement les femmes reçoivent leur part; on leur donne, à elles aussi, un petit os qu'elles devront entourer d'herbes sèches, nouveau cadeau, moins important encore que celui des hommes.

Les parts de viande sont souvent très grosses, et il est impossible de tout manger; chacun passe dans les morceaux qui restent un bâton ou emprunte une corbeille à son hôte et emporte sa viande en s'en allant. Les os seuls sont laissés dans la maison du maître. Celui-ci et sa femme ne prennent part au repas que si les invités les y engagent.

Des jeux sont alors organisés entre les jeunes gens, ce sont des luttes et des sauts. On saute à cloche-pied à qui ira le plus loin, puis viennent les sauts en hauteur, par-dessus une corde qu'il faut en sautant toucher avec le pied. Tout à coup le Narkh se lève et dit qu'il est temps de partir; on se sépare aussi tôt sans se dire adieu. Le maître de la maison, ses invités partis, fait le compte de la dépense et voit que toutes ses provisions sont épuisées. Les Guiliaks sont d'ailleurs très pauvres, car ils comptent comme richesses des objets bien vulgaires.

« Il reste toujours au maître de la maison, me

disait un jeune Guiliak, des objets qui ne sont pas sans valeur. »

Ce qu'il nommait ainsi, c'étaient les os entourés de ficelles, les morceaux de bois auxquels après dîner les invités s'étaient essuyé les mains, et l'eau de la marmite ! La peau reste la propriété du chasseur qui peut la vendre un bou prix ; malheureusement elle est vendue incomplète, puisque la tête et les pattes ont été préalablement coupées. Pour la faire sécher, on l'étend au soleil ; mais il faut que le côté des poils soit toujours tourné vers le sud ; la tête de l'ours est mise dans la maisonnette bâtie sur pilotis, qui sert de dépôt pour les poissons, d'où elle sera transportée au fond de la forêt. Le chasseur ne doit pas égarer la courroie qui l'attache, car, celle-ci perdue, il ne pourrait plus jamais tuer d'ours pendant le reste de sa vie.

Quelques jours après la fête, la maîtresse de maison va chercher chez les invités les plats ou les corbeilles qu'elle leur a prêtés pour emporter la viande jusqu'à leur maison ; chaque invité doit y déposer quelques cadeaux, un peu de riz, du tabac ou des pommes de terre sauvages. Ce n'est qu'après cette visite que la coutume permet au mari de retourner à la chasse.

Il est bon que les familles des chasseurs fassent

des offrandes aux esprits maîtres de la forêt; ceux-
ci sont nombreux, exigeants et malicieux. Les
femmes n'ont pas le droit d'assister aux offrandes,
leur présence déplaît aux esprits; les hommes
seuls jettent dans la forêt des feuilles de tabac et
des grains de riz, et les divinités leur prouvent
leur satisfaction en ne leur faisant pas de mal
et en mettant du gibier sur leur route. Pendant
que le père chasse, les enfants doivent éviter de
tracer des dessins sur le bois ou dans le sable,
car dans la forêt les sentiers deviendraient aussi
compliqués que les dessins, et le chasseur risque-
rait de s'égarer sans espoir de retour.

Un condamné politique qui avait entrepris d'apprendre la langue russe à des enfants guiliaks, les
faisait parfois lire et même écrire; mais les parents
leur défendaient d'écrire quand un des leurs était
absent; l'écriture leur semblait un dessin très
compliqué, et leur superstition s'exaspérait à l'idée
du danger qu'un tel dessin faisait courir aux chasseurs qui traversaient la forêt!

La fête de l'ours chez les Guiliaks est, en été,
une sorte de fête de la chasse; or ils sont pêcheurs
plus encore que chasseurs; on comprend donc que
le dieu des eaux serait jaloux de son confrère de
la forêt s'il n'y avait pas de cérémonie en son hon-

neur. Aussi les Guiliaks font-ils, chaque année, des offrandes aux divinités des eaux qui leur envoient les phoques et les poissons. Ils se réunissent au mois d'avril devant la mer et au bord des rivières ; ils portent alors des plats en bois, pleins de riz, et surtout de baies sauvages séchées et conservées. Le plus éloquent fait un petit discours à ces divinités, si capricieuses entre toutes, à qui il jette les présents. La cérémonie finit toujours par un dîner auquel seuls les hommes sont admis.

Les divinités des eaux ont encore plus d'horreur de la femme que celles de la forêt ; les femmes qui ont perdu un enfant sont détestées par elles ; quant aux femmes enceintes, il suffit qu'elles se promènent le long de la rivière pour que le poisson épouvanté s'enfuie pendant des mois.

C'est un péché aussi que de verser de l'eau sale dans la rivière ; on n'y doit pas cracher, et tel indigène me reprochait un jour d'avoir jeté un bout de cigarette allumée dans la rivière Naïba ; double péché : j'avais offensé le dieu des eaux et anéanti un des esprits du feu.

DE toutes ces notes prises sur le vif, avec le souci constant de la vérité, je voudrais pouvoir tirer enseignement et profit. L'enseignement, qui s'en dégage tout seul, c'est que la Russie a complètement échoué dans sa tentative de colonisation par les forçats. Après des années d'expérience, Sakhaline n'a vu se produire aucun progrès matériel ni moral. Les forçats n'ont pu rendre fertile une terre à peine cultivable. Mauvais à leur arrivée, ils sont devenus pires. Aux inconvénients ordinaires de la promiscuité entre malfaiteurs, se sont ajoutés les vices particuliers du système pénitencier de l'île.

D'autre part, les populations indigènes, primitivement douces et de mœurs avouables, se corrompent tous les jours au contact malfaisant des transportés. On les ruine peu à peu et on leur apporte des vices qu'elles ne connaissaient pas.

Donc, aucun progrès, ni pour les forçats, ni pour les indigènes. S'il est facile d'ailleurs de constater le mal, il est beaucoup plus difficile d'indiquer le remède.

Le seul remède serait dans une refonte complète des méthodes employées pour l'utilisation et l'amélioration des forçats. C'est aux criminalistes d'y songer s'ils veulent s'inspirer des observations d'un profane, j'ose espérer qu'ils y trouveront leur compte. Je serais heureux personnellement que ces observations, passant par-dessus la tête des gens intéressés à la continuation des errements actuels, pussent atteindre jusqu'aux sincères réformateurs, et je croirais avoir fait œuvre utile, puisque je les aurai mis sur la bonne voie.

PAUL LABBÉ.

TABLE DES MATIÈRES

CHAPITRE I

Description et situation de l'île. — Généralités. — Arrivée
à Alexandrovsk 1

CHAPITRE II

Séjour à Alexandrovsk. — Le transport des condamnés
d'Odessa à Sakhaline. — Bagnes et hôpitaux 27

CHAPITRE III

La vie des forçats emprisonnés. — Prison d'amélioration.
— Peines et châtiments. — Malversations 47

CHAPITRE IV

Les villages. — La vie des forçats-colons. — Femmes et
familles de forçats 77

CHAPITRE V

Les richesses de l'île. — Les mines. — Visite à un char-
bonnage. — Un type de forçat 95

CHAPITRE VI

La question des pêcheries. — Les pêcheries japonaises.
— Leurs difficultés avec la Russie. — L'engrais et les
conserves de harengs. — La faune marine de Sakhaline. 107

CHAPITRE VII

La faune de l'île. — Les indigènes Oroks et Toungouses.
— Vieux Chien et ses croyances 125

CHAPITRE VIII

Chez les Guiliaks. — Un Village indigène. — La Maison.
— Vêtements et instruments domestiques. — Cuisine.
— Mes rapports avec les indigènes. 137

CHAPITRE IX

Chez les Guiliaks. — Mœurs et Coutumes. — Dots et Mariages.—Croyancesreligieuses.—LégendesetChansons. 165

CHAPITRE X

Chez les Aïnos. — Croyances et superstitions. — La
maison aïno. — Le type aïno 185

CHAPITRE XI

Chez les Aïnos. — Mœurs et Coutumes. — Le Mariage.
— La Maternité. — Occupations des indigènes. — Cérémonies funèbres 207

CHAPITRE XII

La Fête de l'Ours chez les Aïnos. — Respect religieux
pour l'Ours. — La veille de la fête. — Discours à la
victime. — Le sacrifice. — Après le sacrifice 227

CHAPITRE XIII

L'Ours chez les Guiliaks. — La Fête du chasseur. —
Festin et jeux divers. — Croyances et coutumes. . . 259

CONCLUSION

TABLE DES GRAVURES

Carte de l'île de Sakhaline.   9
Les rochers des Trois-Frères près d'Alexandrovsk . . .   17
Les forçats au travail sur le port d'Alexandrovsk. . . .   19
Type de forçat.   23
Une étrangleuse.   29
Le débarquement des forçats.   33
Alexandrovsk l'hiver   39
L'officier fou Zaïtsev (profil dans une glace).   43
Intérieur de prison   49
Les murs de la prison   57
Une prison d'amélioration.   61
La pendaison.   65
Les fers   68
Le knout   69
Un forçat tatar.   71
Une route à Sakhaline   79
Fonctionnaires et pope russes   80
Une mine en exploitation   81
Une femme forçat.   91
Construction d'un village de forçats libérés   99
La pêcherie de Maouka   114
Préparation de l'engrais de harengs.   115
Jonques japonaises attendant leur chargement de poissons.   119
Types d'Oroks   127
Campement Toungouse   129
Type d'indigène.   133
La pêche des Guiliaks, à Ourkov.   139
Un séchoir à poissons.   143
Femme Guiliake, face.   146
Femme Guiliake, profil   147

Maison Guiliake.   149
Berceau Guiliak.   155
Barque Guiliake   157
Type Guiliak : portrait du vieux Tounk.   161
Vomite, poètesse Guiliake.   181
La montagne au pays des Aïnos.   187
Inaos ou offrandes élevées en l'honneur des Dieux par les
    Aïnos.   195
Type Aïno.   203
Les gamins d'un village Aïno   208
Un enfant Aïno.   209
Jeune fille Aïno.   211
Un riche Aïno   213
Famille Aïno.   221
Départ pour la fête de l'ours chez les Aïnos.   229
Promenade de l'ours   233
La cage où l'on enferme l'ours qu'une femme vient nourrir.   236
Baignade de l'ours en été, il est accompagné de tous les
    gens du campement.   237
Fabrication des inaos pour la fête de l'ours   239
Les instruments de la fête de l'ours.   245
Le sacrifice   249
Tireurs d'ours   253

Imp. F. Schmidt, Paris-Montrouge.